超一流のビジネスマンがやっている すごいマナー

ぱる出版

はじめに

「常識」ではなく「最強のビジネススキル」へ

「マナー」

と聞いて、あなたはどういうものを想像しますか？

「新人社員が受ける研修」「社会人の常識」「礼儀正しい作法や所作」……などを思い浮かべるかもしれません。

「マナーはできて当たり前。それよりもビジネスパーソンにとって大事なのは、仕事ができるかどうか」などと考えている人も多くいるように感じます。受け取り方は人によって様々でしょう。

しかし、そういった考えは、今日から改めてもらいたいと思います。

なぜなら、本当に仕事ができる超一流の人ほど、「マナーはスキル」だと認識しているからです。

「一流」と「超一流」を分けるのは、実はこのマナーの差なのです。

マナーといっても、「名刺の受け取り方」のような新人が覚えるビジネスルールだけに限りません。

- **仕事の進め方、気配り**
- **話し方、伝え方**
- **メールを含む文書の書き方**
- **人の紹介の仕方**
- **プレゼントの仕方**
- **コミュニケーション全般**

など、あらゆる場面にマナーが存在します。

超一流の人が身につけているマナーは、どれもシンプルなものばかり。**しかし、それらは1000冊のビジネス書を読むよりも勝る「最強のビジネススキル」なのです。**

相手の立場にたち、お互いが気分良く仕事を進めるための配慮ができるだけで、

「あなたとまた一緒に仕事がしたい」
「この人は、他の人とちょっと違うな」
「この人になら、あの人を紹介してもいいかも」

と思っていただけます。

一方、入社して数年たった状態で、マナーを身につけていない人は、見る人が見れば「ダメな人」「できない人」という烙印《らくいん》を押されてしまいます。

仕事の評価や人間としての信頼は、能力だけで測られるものではないのです。

ですから、マナーは単なる社会人の常識でもなければ、単なる作法や所作のことでも、新人にだけ必要なものでもありません。

超一流の人が、なぜ超一流足り得ているかというと、このマナーという最強のスキルを身につけているからです。マナーのない人は、どれだけ仕事ができても、成績が良くても超一流にはなり得ません。

超一流のマナーを身につけることができれば、あなたの

・評価
・信用
・好感

は一気に上がります。そして何よりも〝結果・成果〟を出せる「人財」になれます。

仕事の評価、人としての評価は、売上や成績ではなく、他人に対してどれだけ心地よく、気分良く仕事をしてもらえるかによって変わっていきます。

頑張っているのになぜか評価されない人、成績はいいのに社内外で信用されない人というのは、マナーが二流である可能性が高いのです。

本書は、超一流になるためにおさえておくべきビジネスマナーを厳選してご紹介していきます。中には食事のマナーも含まれています。

これらはすべて基本的でシンプルなことばかり。しかし、意外とできていない人も

多いはずです。

ユネスコの無形文化遺産に登録された「和食」の食べ方も、超一流のビジネスパーソンであるならば、また、社会人として知っておくべきことでしょう。

本書でお伝えする内容は、新人であっても中堅やベテランのビジネスパーソンであっても、あなたの人生をプラスに変えるものです。

「ビジネスマナーを身につけたい」と思っている人も、「いまさらビジネスマナー?」と思っている人も、本書を手に取っていただいたこの機会に、この66のマナーというスキルを身につけておいてください。絶対に損はさせません。

本書があなたの人生をより良いものにする一助となれば、著者としてこれほど嬉しいことはありません。

西出ひろ子

目次

はじめに 3

序章
おさえておきたい仕事以前の常識

01 マナーの正体を知る 18
02 自分以上に相手を大切にしよう 20
03 マナーこそが超一流になるカギ 22
04 「行動する」から「考動する」へ 24
05 超一流のマナーは、見えないことを想像し、形にする 26

第1章
超一流の仕事のマナー

06 無意識にやっている悪いクセをやめる
～超一流の人は、「他人からどう見られるか」を大事にする～ 30

目次

07 必ず先手で「あいさつ」をする
〜超一流の人は、「自分から」を大事にする〜 32

08 0度、15度、30度、45度、90度の5つのお辞儀
〜超一流の人は、「お辞儀の角度」を大事にする〜 34

09 職場での服装は、ファッションよりも清潔感が大事
〜超一流の人は、「キレイ」を大事にする〜 38

10 靴は底までも磨く
〜超一流の人は、「足元を見られる」のを知っている〜 40

11 ボタンダウンのシャツは着ない
〜超一流の人は、「スタンダード」を大事にする〜 42

12 くるぶしまでの靴下は履かない
〜超一流の人は、「TPO」を大事にする〜 44

13 問題を指摘されたときこそ成長のチャンス
〜超一流の人は、「指摘」を喜ぶ〜 46

14 「ハトガマメクテ」と3枚のハンカチを持つ
〜超一流の人は、「人のために使える道具」も用意する〜 48

15 「はい！」と明るく感じの良い返事をする
〜超一流の人は、レスポンスの「速さ」と「明確さ」を大事にする〜 50

16 依頼・お願いをするときは名前を呼ぶ
〜超一流の人は、「人の名前」を大事にする〜 54

17 ３６０度の目配りと耳配りをする
〜超一流の人は、「目の前の仕事以外」も大事にする〜 56

18 数字と名前を間違えない
〜超一流の人は、「絶対に間違えてはいけないこと」を知っている〜 58

19 言われたことにプラスするクセをつける
〜超一流の人は、「言われた以上のこと」をする〜 60

20 9割の時間を笑顔で過ごす
〜超一流の人は、「心からの笑顔」を大事にする〜 62

第2章 超一流の話し方のマナー

21 人と話すときに、相手を意識して話をする
〜超一流の人は、相手を中心にして話す〜 66

22 声の印象を良くする方法
〜超一流の人は、声の印象も大事にする〜 68

23 話すペースは、相手によって変える
〜超一流の人は、話すスピードもコントロールする〜 70

24 相手の目は見ない。目を合わせたときに微笑む
〜超一流の人は、「話すときの目線」にも気を配る〜 72

25 相手が上司でも部下でもクッション言葉を使う
～超一流の人は、「偉そうにならない言い方」を意識する～ 76
26 丁寧語を「使う」ではなく、丁寧語で「伺う」
～超一流の人は、依頼するときでも尋ねる～ 78
27 「できません」「わかりません」は言わない
～超一流の人は、断るときも代替案を出す～ 80
28 断り方のマナー
～超一流の人は、相手を不快にさせない～ 82
29 言い方ひとつで、マイナスをプラスに変える
～超一流の人は、印象をマイナスで終わらせない～ 86
30 相手を否定せず自分の意見を言う
～超一流の人は、「オウム返し」を大事にする～ 88

第3章 超一流のビジネスメールのマナー

31 メールの書き方にもマナーが必要な理由
～超一流の人は、ビジネスメールの基本を身につけている～ 92
32 ビジネスメールで気をつける基本5原則
～超一流の人は、「文字だけのやり取り」の危険を知っている～ 94
33 宛先や件名は最後に入力する
～超一流の人は、「誤送信」をしない仕組みをつくる～ 96

34 なぜか協力したくなる人のメールの書き方
〜超一流の人は、「面倒でも丁寧さが大事」と知っている〜 98
35 改行をうまく使う
〜超一流の人は、「どう見えるか」も大事にする〜 100
36 返信メールで差をつける
〜超一流の人は、普通の人が「見てない所」も大事にする〜 102

第4章 超一流の訪問・来客応対のマナー

37 コートは「裏表」にたたんで訪問する
〜超一流の人は、「塵ひとつ持ち込まない意識」を持っている〜 106
38 基本は15分前に建物に到着する
〜超一流の人は、「相手の時間」をムダにしない〜 108
39 人と一緒に歩くときにもマナーがある
〜超一流の人は、「上司より一歩下がる」ことを意識する〜 110
40 お客様を案内するときのマナー
〜超一流の人は、「小さな配慮」を大事にする〜 112
41 ドアの開け方と入室の仕方
〜超一流の人は、「ドアの開け方」も心得ている〜 114

42 席次のマナー　訪問者は上座に座る
〜超一流の人は、ときに「あえて下座」を譲る〜 116

43 名刺の意義と名刺入れ
〜超一流の人は、名刺入れを複数携帯する〜 118

44 名刺の渡し方・受け取り方
〜超一流の人は、名刺を大切に扱う〜 120

45 名刺交換はコミュニケーションのチャンス
〜超一流の人は、名刺で話題を広げる〜 122

46 相手の名刺を褒める
〜超一流の人は、小さなことでも相手を気持ち良くさせる〜 124

47 紹介の順序のマナー
〜超一流の人は、どの順番で紹介するかも知っている〜 126

48 お見送りのマナー
〜超一流の人は、相手が見えなくなるまで見送る〜 128

第5章 超一流の食事・会食のマナー

49 会食の席次のマナー
〜超一流の人は、会食中の席次を身につけている〜 132

50 和室での立ち居振る舞い
～超一流の人は、床の間に物は絶対に置かない～ 134

51 正しい箸のマナー
～超一流の人は、箸の使い方も完璧～ 136

52 箸のタブーとお椀を持つときの箸の扱い方
～超一流の人は、箸のタブーを知っている～ 138

53 刺身や天ぷらの食べ方
～超一流の人は、和食の常識を身につけている～ 140

54 洋食の基本マナー
～超一流の人は、洋食のマナーも心得ている～ 142

55 カトラリーの持ち方と使い方
～超一流の人は、カトラリーの基本を身につけている～ 144

56 食事中のサイン
～超一流の人は、食事のサインを身につけている～ 146

57 スープスプーンの使い方とスープの食べ方
～超一流の人は、スープを食べる～ 150

58 アルコールの注ぎ方・注がれ方
～超一流の人は、ワイングラスを持ち上げない～ 152

59 ナフキンを使うマナー
～超一流の人は、食後にナフキンをたたまない～ 154

第6章 超一流の贈り物のマナー

60 お中元・お歳暮を贈るマナー
～超一流の人は、地方・地域に応じて贈り分ける～ 158

61 贈り方のマナー
～超一流の人は、品物に添え状を同封する～ 160

62 お返しとお礼状のマナー
～超一流の人は、お中元、お歳暮にお返しの品を送らない～ 162

63 栄転・昇進祝いの贈り物のマナー
～超一流の人は、内々でこっそりと祝う～ 164

第7章 これだけは注意したいSNSのマナー

64 SNSは、会社に損害を与えないよう注意して使う 168

65 著作権に気を配る 170

66 LINEやメッセンジャーなどのチャットツールにも気をつける 172

おわりに 174

編集協力　鹿野哲平
本文イラスト　せとゆきこ
本文デザイン　二神さやか
ＤＴＰ　野中賢（システムタンク）

序章

おさえておきたい
仕事以前の常識

01 マナーの正体を知る

本書は皆さんに仕事におけるマナーを伝える本です。

では、マナーは社会や仕事、職場において、一体どのような役割を持っているのでしょうか。マナーは大切なものなのでしょうか。

「マナー」と「常識」、「マナー」と「倫理」、「マナー」と「法」も同一ではありません。ところが、言葉の意味を調べていくと、面白いことがわかります。

マナーを日本語にすると『礼儀』となります。

『礼儀』とは「人間関係や**社会生活の秩序を維持するために**人が守るべき行動様式。特に、敬意を表す作法」（デジタル大辞泉）と記されています。

ここで、「法律」という言葉を辞書で調べてみると、

1. **社会生活の秩序を維持するために**統治者や国家が定めて人民に強制する規範。法。
2. 憲法に基づいて国家の立法機関により制定される成文法。（大辞林 第三版）

と記されています。

いかがでしょうか。法は遵守しなければ強制的に罰せられますが、マナーは遵守しなくても強制的に罰せられることはありません。

しかし、これらの根底にあるものは、「社会生活を維持するため」。すなわち、双方、行き着く最終目的は、命ある人や動物、植物、自然界のすべてが、明るく・愉しく・微笑む社会であるために、存在しているものなのです。

マナーに対する固定観念を捨てましょう

02 自分以上に相手を大切にしよう

私たちはビジネスパーソン以前に、「人」として社会の一員として生活をしています。その上で、法令遵守もマナーを実践することも、すべては、社会全体を考えて行うことであり、最終的には皆がプラスになるためにこれらは存在しています。

人として、これらを行う上で必要なもの。

それは、私たちの**「思いやりの心」**です。

人間関係や社会生活の秩序を維持するための行動様式がマナー（礼儀）。

マナー（礼儀）の『礼』という字には「思いやり」という意味が含まれています。

『儀』は「型」「形」のこと。

ご覧の通り、礼儀（マナー）は、『礼』が先で『儀』が後にきています。

つまり、まずは、思いやりの心、気持ちを持つことが大切。その気持ち、心を

「型」「形」で表現すること、それがマナーであり、礼儀なのです。

近年、マナーというと、なぜか形式ばかりを重んじる傾向にあり、マナーは形式、作法だと思い違いをしている人も少なくありません。

型や形を先に重視するのは、『儀』が先にくるので、『儀礼』になってしまいます。『儀礼』と『礼儀』は異なるのです。

マナーは、自分以上に人の気持ちや考えを大切にする心を、行動で表現することです。

「自分が、自分が」となっている人ほど、仕事も人間関係も最終的にうまくいかない人が多いように感じます。自分も大切。でも、それ以上に周りの同僚、上司、部下、お客様、あなたに関わるすべての人や物を思いやることからマナーは始まります。

どうすれば気持ちよく、お付き合いしてもらえるか、どう振る舞えばいいかを考えることから始めましょう。


自分中心から〝相手中心〟に意識を変えてみよう

03 マナーこそが超一流になるカギ

そもそも、仕事においてなぜ、マナーが必要なのでしょうか？

それは、社員・スタッフの皆で良好な人間関係を築き、協調し合い、収益を生み出し、会社を存続させ、社会貢献を行うことだからです。

ではなぜ、マナーが収益を生み出すことにつながるのでしょうか？

それは、マナーは**「人の心に響くことを行うから」**だといえます。

法令を遵守しても、人は「当たり前」と思い、感動も感激もしてくれません。

「あの会社は、法令を守っているから」といったところで、それは当然のこととして、誰も感心などしません。

しかし、マナーは違います。

相手の立場にたって、その相手を不快にさせないように配慮する気持ち、心からなる言動が、結果的に相手のプラスになり、相手は喜び、笑顔になるのです。

そうすると、人はリピーターになったり、口コミで自分が味わった感動や感激を伝えたりしてくれるでしょう。こうしてお客様が絶えることなく増え続け、収益も上がっていくのです。


だからこそ、仕事におけるマナーはとても大切なのです。

マナーを身につけるだけで、ビジネスにおける大切な要素「信用」と「評価」を得ることができます。どれだけ仕事ができても、どれだけ肩書がすごい人であっても、マナー（礼儀）が欠けている人は、信用を勝ち得ることができません。

最終的に見られるのは、「人」そのものなのです。


相手に喜んでもらえることを自分の喜びとする

04 「行動する」から「考動する」へ

お金をいただいて働く「仕事人」である以上、まずは、一度、自分で『考』えることが大切です。そして、その考えをもった上で、『行動』しましょう。

新人であれば、単純に指示されたことだけでなく、自ら一度『考』え、上司や先輩に質問や相談を行ってみてください。

誰でも最初は、自分ではわからないことがたくさんあるでしょう。

初めてのことは、誰だってわかりません。わからないことに遭遇したら先輩や上司に訊くことは悪いことではありません。

学生であれば、学校に授業料を払っているので、わからないことは即、質問をして教えてもらってもいいでしょう。

でも会社は違います。

会社は労働の対価として、あなたに給与を与えます。お金を与えてくれる会社（上司・先輩）に、いくらわからないこととはいえ、何も考えずにすぐ何でもかんでも訊くのは、あなたの評価を落とすことになります。

「わからないところがあったら訊きなさい」

と上司は言ってくれると思いますが、まずは自分で考えること。考えてもわからない、判断がつかなければ、先輩や上司に尋ねるといいでしょう。

また、自分で考えたことは忘れません。考えるという行動自体が、あなたを成長させてくれるのです。

他力本願でなく、まずは自分で考えるクセ（習慣）をつけましょう

05 超一流のマナーは、見えないことを想像し、形にする

人は、目に見えないこと、数値化できないことに対しては、なかなか信用しません。例えば、「良い人」だとか「頑張っている人」よりも、売上や実績、生み出したプロダクトそのものが評価される現実があります。

これはマナーに関しても同じです。

私たちの「思いやりの心」「感情」「思い」「礼」は目には見えません。だから、一見すると評価されにくいものと感じる人もいます。その結果、「いい成績さえ出していれば、マナーなんてどうでもいい」という人が出てきます。

しかし、一流になればなるほど、見えないところ、他の人が気づかないところを見ています。

超一流の人は、見えないことを想像し、形に表します。

例えば、あなたが心の中で「ありがとう」と思ったとします。でも、声に出したり、実際に形としてお礼をしたりしなければ、相手に伝わることはありません。それは残念なことに「ありがとうと思っていない」と同じことになってしまうのです。

大切なのは、思いを形にすることです。

- **微笑みながら、「ありがとう」と言う**
- **相手のミスに気づいたら、一声かけてあげる**
- **座ろうとしていたら、椅子を引いてあげる**

その形にするときに大切なのは、**「相手がどう思うかを想像する」**ということ。

目に見えない思いやりの心、気持ちは大切です。しかし、心で思うだけや、頭で考えたりしているだけでは、相手には自分の気持ちや思いは伝わりません。その気持ちを「言葉」や「行動」という形として表現することが大切なのです。

「想像」したことを、形として「創造」しましょう

第1章

超一流の
仕事のマナー

06

無意識にやっている悪いクセをやめる

～超一流の人は、「他人からどう見られるか」を大事にする～

どんなに自分で自分のことを「頑張ってやっている」「良くできた」と思っても、それを評価するのは相手。つまり他人です。自分が人を不快にさせるつもりはなくても、不快に思われることがあります。それが無意識の態度、言動です。

態度や言動は、実はその人の内面、気持ち、心が外面の態度として表れている、と他人は評価します。

腕を組んでいる新人を見れば「偉そうな態度だ」、肘をつきながら電話応対をしている人を見れば「横柄な人だ」などと、マイナスな評価がされてしまいます。

視覚から入ってくる態度は、耳から一瞬にして聞こえる言葉よりも、強い印象を残します。ですから、**良い評価を得たければ、自分目線ではなく、相手目線で物事を考え、自分の無意識のクセや態度を改めましょう。**

これは、まさにマナー（相手の立場にたつ）の心・精神を持っていれば、できることですね。無意識のクセは人それぞれあるはずです。

- 腕を組まない
- 肘をつかない
- 貧乏揺すりをしない
- ペン回しをしない
- 話を聞くときにこわばった表情をしない

など、一度、自分がやってしまっているクセを見直し、意識してみましょう。もし自分でわからなければ、身近な人に「私がやっているクセって何かある？」と訊いてみて、確認するといいでしょう。

自分のクセを洗い出してみよう

07 必ず先手で「あいさつ」をする
～超一流の人は、「自分から」を大事にする～

「おはようございます」「お疲れ様です」「いらっしゃいませ」「ありがとうございます」など、仕事中のあいさつはたくさんあります。

自分からあいさつをすることに苦手意識を持っている人がいます。そういう人は、相手からあいさつをされなければしません。もっと言うならば、あいさつをされてもしない人もいます。

このような姿勢は、評価を下げることにつながります。

逆に、**相手より先にあいさつをするだけで、評価は驚くほど高まる**のです。

あいさつで先手を打てない人は、「恥ずかしい」とか「無視されたら嫌だな」などの思いがあるのかもしれません。私たちは知らぬ間に、マイナスなことを想像し、行動に移せないことがあります。

でも、それは、あなたの勝手な思い込み。

超一流の人は自分から先にあいさつすることを心がけています。あいさつを自分が先にする、と決めるだけで、あらゆることに積極的に動けるようになります。**相手主導から自分主導**に変わっていくのです。

相手主導な人は、仕事も受動的に行う傾向があります。

・相手からお礼が先にくる、それに返信する

・相手に何かやってもらう、そのお礼に何かをする

でも自分主導、先手を打つことを意識するだけで、あらゆることに先手を打つ意識が生まれます。

一番簡単にできる「先手の習慣」があいさつです。誰よりも先にあいさつする。誰よりも先に「ありがとう！」「お疲れ様です」「いらっしゃいませ！」と声に出してください。それによって、評価がどんどん高まっていきます。

あいさつができるというチャンスを逃さないでください。

普通の人はただあいさつをする。超一流の人は相手より先にあいさつをする

08

0度、15度、30度、45度、90度の5つのお辞儀

～超一流の人は、「お辞儀の角度」を大事にする～

海外ではあいさつをするときの動作として、握手をしたり、ハグをしたりします。日本ではあいさつをするときに、お辞儀という動作をします。お辞儀は、相手を敬う日本人の謙虚な気持ちが見事に表現されている美しい動作として、海外でも評価をされています。

ここにも評価されるマナーのコツが隠されています。

普通の人は丁寧にお辞儀する、で終わってしまいます。しかし、超一流の人は、お辞儀の角度も意識しています。その代表例が、神道作法からなるもので、収益を上げ続けている会社や人たちは実践しています。

お辞儀の種類は、目礼〈0度〉、会釈〈15度〉、敬礼（普通礼）〈30度〉、最敬礼〈45

―60度〉、拝〈90度〉があります。

5つのお辞儀の種類があるのは、TPOに応じて使い分けるためです。

どんなに相手に対し、深い敬意を持っていても、満員のエレベーターの中で、90度のお辞儀はできませんね。

かといって、何もしないのはタブー。

そこで、目だけをふせる0度の目礼があります。

15度の会釈は廊下ですれ違うとき。

30度の敬礼（普通礼）は、お客様を出迎えるとき。

45度から60度の最敬礼は、感謝や謝罪のとき、人前で話し始めるとき。

このように、TPOに応じて5つのお辞儀を使い分けることができます。

また、一般的にお辞儀は、立ち止まって行うのが正式な作法です。しかしながら、状況に応じては歩きながらでも行うこともあります。このことを「屈行《くっこう》」と言います。

もちろん、立ち止まって行うほうが、丁寧な印象を与えます。しかし、お客様をご案内中に、廊下で人とすれ違うたびに立ち止まるのは、かえってご案内中のお客様に失礼になりますね。お辞儀をしないよりは、歩きながらでも行うほうが、相手に対する敬意を払う表現となります。

評価されるお辞儀を身につけるためにはまず、90度のお辞儀ができるようになることをおすすめします。

なぜならば、上体を90度傾けるお辞儀は、お辞儀の型のなかで、もっとも深いからです。最大限に相手を敬う気持ちを込めた丁寧なお辞儀ができれば、その他のお辞儀もできるでしょう。大切なのは気持ちを型で表現することです。

ちなみに、90度のお辞儀は、神社神道作法からくるものです。神社参拝をするときには、「二拝（礼）・二拍手・一拝（礼）」をします。したがって、神社でお参りをするときも90度のお辞儀をします。

TPOを見極め、お辞儀を使い分けられる人になろう

身につけておきたい５つのお辞儀

<目礼>

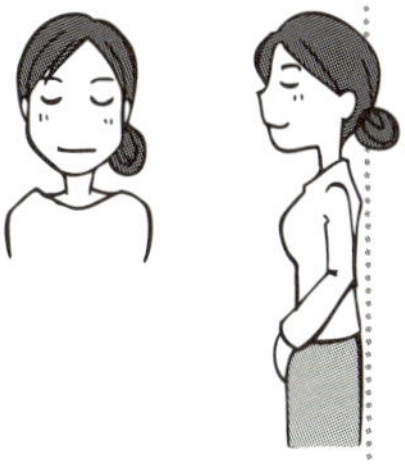

・エレベーター内など動けないときに行う目をふせるだけのお辞儀

<会釈>

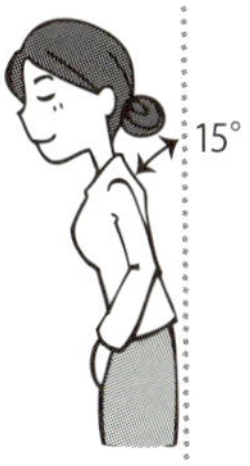

・廊下ですれ違うときなど、歩きながらでも行えるお辞儀

<敬礼>

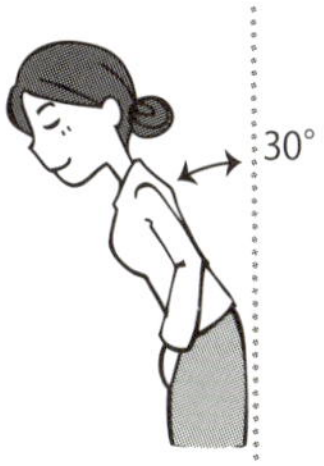

・上司や来客とのあいさつに行うお辞儀

<最敬礼>

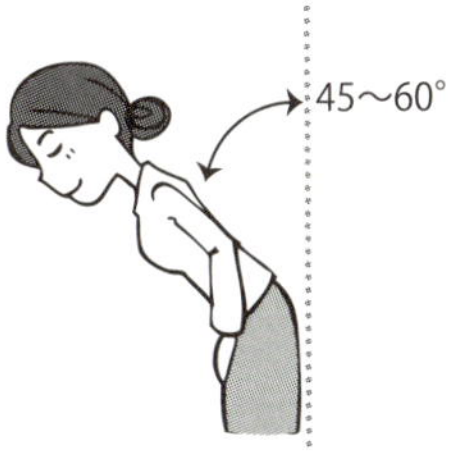

・感謝や謝罪のとき、人前で話し始めるときなどに行う丁寧なお辞儀

<拝>

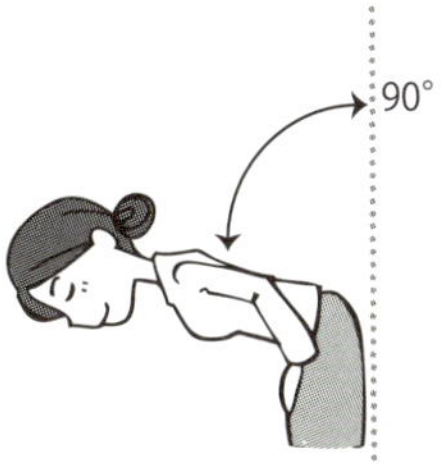

・相手を敬う気持ちを最大限表したお辞儀

09 職場での服装は、ファッションよりも清潔感が大事

～超一流の人は、「キレイ」を大事にする～

できるビジネスパーソンほど、見た目のマナーにも気を使っています。かつて『人は見た目が９割』（新潮社）という本がベストセラーになりましたが、マナーを含めた見た目はあなたの信用度、評価に直結します。

だからといって、高価なブランド品もセンスも必要ありません。

ポイントは、清潔感。

しっかりとアイロンをかけ、汚れやシワのないキレイな装いを意識してください。

また、評価を高めるための髪型のコツがあります。それは耳を出すことです。耳を出すのは嫌、恥ずかしいと思う人もいるでしょう。しかし、耳を出すことで、スッキリと清潔感のある印象になります。

髪型は、寝グセなどを整え、流行のスタイルにとらわれることなく、清潔な印象を

与えることが必須です。また、カラーリングは、会社の規定を確認しそれに従ってください。確認せず、自分の好き勝手なヘアカラーを行うことはＮＧです。

業種や職種によりますが、まず第一印象で清潔感を感じさせましょう。仕事に対し、真摯な姿勢で臨んでいると評価されます。

・男性の髪型　耳を出し、襟足につかない長さをキープする
・女性の髪型　肩よりも長い髪の毛は、シンプルにまとめてスッキリさせる

こうすることで、お辞儀をしたときに「髪の毛が顔にかかってだらしない人」とは評価されなくなります。ヘアアクセサリーは、黒・紺・茶色で、キラキラと派手な印象を与えないものを選べば、つけることに問題はないでしょう。

会社に行く前、人と会う前は鏡を見て、清潔感が保たれているか、自分を見たときに一緒に仕事をしたくなるか、をチェックすることも評価の向上につながります。


一流の人ほど清潔感のある身だしなみをする

10 靴は底までも磨く

～超一流の人は、「足元を見られる」のを知っている～

「身支度仕事半分」という言葉があります。

これは、朝、髪型から靴まで完璧な身だしなみで出社してきた社員は、すでにその日の仕事の半分を終えたも同じだ、という評価に値するところから生まれた言葉だそうです。それくらい身だしなみは、仕事に直結する大切なこと。

ですから、頭髪や服の清潔感だけでなく、足元にも注意が必要です。

「足元を見る」という言葉からもわかる通り、汚れた靴やボロボロの靴、磨かれていない埃がかった靴を履いていれば、「だらしない人」という印象を与えてしまいます。

どんなに笑顔で、感じの良い人でも、靴が汚れているだけで評価が下がります。

靴は、あなたを支え移動するのに必要なもの。その靴に対しても、日々、感謝の気持ちを込めて、綺麗に磨くことを忘れないようにしましょう。

そして、表面だけを磨くのではなく、靴底までも、しっかりと綺麗にしてください。なぜなら、汚れた靴底で他社やお客様のご自宅に伺うと、床や玄関を汚す可能性があるからです。もちろん、歩いていると靴底は汚れるわけですが、靴底までにも注意を払う、というその気持ち・意識を持つことが大切なのです。

当然、靴の中のお手入れも忘れないようにします。

突然のランチや会食の誘いを受け、座敷で靴を脱がなければならない機会も出てくるでしょう。靴を脱いだら中が汚れていたり、靴下が破れていたりしては、あなたの評価や信用はガタ落ちです。

しかも、恥ずかしい思いをするのはあなただけではありません。一緒にいる上司や先輩、同僚、取引先の人にまでも、マイナスの印象を与えてしまいます。

かかとは、すり減ってきそうだな、と思った段階で修理に出しましょう。

一流の人ほど足元を磨く

11 ボタンダウンのシャツは着ない

～超一流の人は、「スタンダード」を大事にする～

新人のころは白いシャツを着ることをおすすめします。

理由は、清潔感と真面目な安心感を与えるからです。シャツにも格があり、ボタンダウンのシャツは、カジュアルなシャツとされています。これらは、カジュアルデーなど以外では、着ないほうが無難です。

スーツのジャケットのボタンは、男性は一番下のみ開けて、あとは留めます。ただし、段返し（一番上のボタンが隠れたように付けられているもの）の場合は、一番上のボタンは留めなくてOKです。女性の場合、ボタンはすべて留めましょう。

スーツやシャツは、汚れやシワのないよう、洗い、プレスします。ズボンと靴下、靴、ベルト、かばんは、同系色でまとめます。

また、スーツの色にも気を配りましょう。

新人の男性は、黒・濃紺が基本。女性は黒、濃紺に加えてベージュ、グレイを選びます。黒、濃紺、グレイのスーツには、靴とベルトとかばんは、黒で統一させると良いでしょう。

新人の男性には、茶系の靴やベルト、かばんはおすすめしません。ダークなスーツに茶系の靴とかばん、ベルトは、軽い印象を与えるからです。

スーツを着用しているときの男性の靴は、ひも付きの革靴が基本です。先が尖っている形のものは、履かないようにしてください。相手に向かって攻撃をしているような印象を与える可能性があるからです。

女性は、3センチから5センチ程度のプレーンな形のヒールがスタンダードです。

カジュアル、ファッショナブルよりも、「スタンダード」が最高

12

くるぶしまでの靴下は履かない
～超一流の人は、「ＴＰＯ」を大事にする～

流行のくるぶしまでの靴下を着用している男性を見かけます。

男性の場合、スーツには、そのズボンの色と同系色の無地で、長さは、くるぶしとふくらはぎの中間くらいまでの靴下を着用しましょう。女性は、ナチュラル色のストッキングを着用します。

男性の靴下は人から見えないと思いがちですが、椅子に座ると、ズボンの裾が上がって、相手から見えています。

なるべく長い靴下を履くことをおすすめするのは、素肌やすね毛が見えないようにするためです。何気なく組んだ足先から、たるんだ靴下とすね毛が見えるビジネスマンは少なくありません。

特にくるぶしまでのスポーツタイプの靴下は、スーツにマッチせず、アンバランスであることは元より、素肌が見えてしまうことで不快に感じる人がいるので要注意です。

女性は、ストッキングが伝線していないかなどに、注意を払います。

また、学生のときはＯＫだった白い靴下も、スーツには合いませんので、履かないように。靴下もＴＰＯは大切です。これらの靴下は休日の私服やスポーツをするときに履きましょう。

靴下もＴＰＯで履き分ける

13 問題を指摘されたときこそ成長のチャンス

〜超一流の人は、「指摘」を喜ぶ〜

新人のころや、基本的なマナーが身についていないころは、上司やお客様にいろんなことを指摘される時期でもあるでしょう。

「肩にフケがついている」
「ジャケットの背中がシワになっている」
「ズボンからシャツがはみ出ている」

など、人から指摘をされたり、注意を受けたりするのは、正直、良い気分にはなれないかもしれません。

「ネチネチうるさい上司だな」などと思ってしまう人もいるでしょう。

また、お客様からもクレームを受けたり注意されたりすることがあります。そのとき、「叱られた……」「私はダメだ……」と自分を責めてしまうかもしれません。

しかし、ネガティブになったり、イライラしたりする必要はありません。むしろ、あなたにとってはとてもプラスになることなのです。

言ってもらえなければ、そのまま恥ずかしい思いをし続け、マイナスな評価をされ続けます。長期的に考えれば、注意されないままのほうが、あなたにとってマイナスなのです。

問題を指摘されるということは、成長するチャンス。

ですから、クレームや問題点の指摘を受けても、ネガティブにならず、落ち込まず、**「言葉の花束をプレゼントしてもらった」とポジティブに受け取るクセ**をつけましょう。

「言ってくださってありがとうございます！」と前向きに相手に感謝をする思考回路をつくりましょう。

問題を指摘されることは成長するチャンス。喜んで言葉の花束を受け取ろう

14 「ハトガマメクテ」と3枚のハンカチを持つ

～超一流の人は、「人のために使える道具」も用意する～

かつて、『ハトガマメクテ』という言葉がありました。これは、社会人が常時携帯するものとして、ハンカチ・時計・ガマ口（財布）・万年筆（筆記用具）・名刺（名刺入れ）・櫛（メイク直し道具）・手帳の最初の一文字をとったものです。

デジタル化が進んだ現在は、ほとんど使われない言葉になりました。

しかし、携帯電話やスマートフォンが時計や財布、メモ帳代わりになったりもするため、一概にはいえませんが、かばんの中に『ハトガマメクテ』を常備しておくことは、ビジネスパーソンとして基本中の基本です。

そして、マナーを意識し心得たとき、ハンカチは3枚携帯しましょう。

1枚目は、自分用。手などを拭く実用性の高いタオル地のもの。
2枚目は、人前で使用するとき用。ひざかけなどに使用するデザイン性のあるもの。
3枚目は、ハンカチを必要とする「誰かのため」用。

ポイントは3枚目です。

10年以上前の話になりますが、新幹線で隣の席に座った男性が缶ビールの泡を吹いてしまいました。私は持っていた3枚目のハンカチを差し出し、差し上げたところ、翌日、その男性の会社から仕事の依頼を受けました。500円のハンカチが数百万円を生み出したのです。

社会人は、いつ、どこで、仕事のチャンスと遭遇するかわかりません。常に自分以外の誰かのことを想像し準備していることで、それが評価となり、仕事、収益へとつながるのです。

ハンカチひとつで評価が変わる

15 「はい！」と明るく感じの良い返事をする

～超一流の人は、レスポンスの「速さ」と「明確さ」を大事にする～

幼いころ、また小学校で、私たちは「はい！」と返事をすることを学んだと思います。

それがいつしか、名前を呼ばれても、返事をしない大人になってしまう。そんな人は少なくありません。入社何年目かなどは関係なく、人から声をかけられたら、明るくはつらつとした声で「はい！」と返事をしましょう。

例えば、上司から「〇〇さん」と名前を呼ばれたら「はい！」と返事をするのです。黙って、上司に顔だけを向けるような態度はＮＧ。お客様や取引先との会話中も同様です。

仕事の世界で、超一流と二流を分けるのは、コミュニケーションにおける「レスポ

ンス」です。


レスポンスのポイントは、感じの良い〝スピード〟と〝明確さ〟。

メールでも電話でも、問い合わせや仕事の依頼など、スピードがあることであなたの仕事に対する意欲が相手に伝わり評価されます。

そして、もうひとつは明確であることです。

そのベースになるのが「はい！」と明るく、はっきりと返事をすることだといえます。

「はい！」という感じの良い返事は、相手を無視していない証拠です。

人は無視をされると傷つきます。仕事においてはなおのこと、関係が悪化するきっかけにさえなります。特にまだ関係性ができていない人がやってしまうと一気に評価と信用を落としてしまうことになります。相手の気持ちをマイナスにしないのがマナーの基本です。

ですから、「○○さん、この資料、コピーして」と指示をされたら、「はい！」と返事をしたあとに、「かしこまりました！」と言います。

社会人は「わかりました」という言葉は使いません。相手を敬う気持ちを持てば、

「かしこまりました」を使用することをおすすめします。

「承知いたしました」という言い方も間違いではありませんが、マナー上級者は「かしこまりました」を用います。

しかし、上司によっては「かしこまりました」は「かしこまりすぎだから使うな」と言う人もいます。その場合は、その上司の指示に素直に従ってください。

素直に「はい！」と返事のできる人は、周囲の人から受け入れてもらえます。

大切なことは、周囲の人たちにかわいがってもらえる人になること。そうすれば、好かれる人になり、結果的に仕事もできる人になるのです。


元気のいい「はい！」という返事を意識しよう

超一流になるレスポンスのコツ

ビジネスパーソンは、あいさつ以外も、メール、電話、その他の仕事でも、レスポンスの速さと明確さが大切。特に相手の予定に関わること、問い合わせや謝罪などは、スピードと明確な答えを伝えることを意識しよう

◎正しい返事のポイント

☑ 明るく感じのいい声
☑ レスポンスを速く、明確に

「はい」のあとに
言ってはいけない返事

・「わかりました」
・「了解です」
・「OK です」
・「いいですよ」

「はい」のあとの
正しい返事

・「かしこまりました」

16 依頼・お願いをするときは名前を呼ぶ

～超一流の人は、「人の名前」を大事にする～

返事のお話をしましたが、あなたが声をかける際はどうでしょうか？

超一流の人は、声をかける際のマナーも知っています。

そのマナーとは**「名前を呼ぶ」**ということ。

そんなこと？　と思うかもしれませんが、そのひと言だけで驚くほど印象が変わってきます。例えば、コピーをお願いする際で見てみましょう。

Aさん　「コピーをお願いできますか？」
Bさん　「○○さん、コピーをお願いできますか？」
Aさん　「どうすればいいですか？」

Bさん「○○さん、どうすればいいですか？」

言われた側は、どちらに優しく教えてあげようという気持ちになるでしょうか？

もちろん、後者のBさんですよね。「○○さん」とひと言、自分の名前が入るだけで、同じことを言われていても気持ちはアップするものです。これは心理学的に「社会的報酬」といわれるもので、人は名前を呼ばれることで、優越感を得るとのこと。

社会人になると、様々な人と接する機会が多くなります。一人でも多くの人の気持ちをプラスにして差し上げようと思う気持ちを持って、それを実行することのできる人は、必ず〝人財〟としてプラスの評価をされます。

これは、メールやチャットなどでも同様です。どんなにIT化が進んでも、コンピュータを操作しているのはやはり〝人〟なのです。

ですからメールを送るときも「おはようございます」ではなく、「○○さん、おはようございます」と書けると一目置かれることでしょう。

日頃から相手の名前を呼ぶことを意識してみよう

17

360度の目配りと耳配りをする

〜超一流の人は、「目の前の仕事以外」も大事にする〜

超一流の人がやっているマナーに、「目配り」「耳配り」があります。

人はつい、目の前にあることだけに集中してしまいます。もちろん、目の前にある仕事や人に集中するのは大事なことですが、それだけに注力をすると、全体を見る能力が身につきません。

集中して仕事をしているのにミスが出る、頑張っているのに評価されない、という人はこの「目配り」「耳配り」ができていない可能性があります。そうなると、お客様からクレームを受けたり、上司などから叱られたりすることになりかねません。

超一流の人がやっているのは**360度の目配りと耳配り**です。

自分の仕事に集中しながらも、同僚や部下、上司、お客様の様子や仕事の状態に対しても敏感です。会社の仕事全体やチーム間の空気にも目を配り、そこで行われている会話も聞いていないようで耳に入っています。

私が企業のコンサルティングに携わっているクライアントの話です。調査をしたところ、お客様からのクレームのひとつに「お店に入ったときにあいさつがなかった」という声がよくあがってきました。そこで現場の店員に尋ねてみると「そんなことはない。きちんとあいさつをしている」と言うのです。

しかし、実際調べてみると、接客中に他のお客様が入店したとき、「いらっしゃいませ」とあいさつをしていない現状がありました。目の前のお客様対応に精一杯で、他を見る余裕がなかった。結果的にそれがクレームになったのです。

この例だけでなく、他の仕事も同様に目配り、耳配りをして、相手が欲していることを提供できる人は、評価をされます。３６０度、周囲に配慮できる人になるために、私はマナーリトミックの手法を用いてトレーニングをしていただいています。結果、驚くほどに、３６０度の目配り・耳配りができる〝人財〟になります。

目の前の仕事に集中しながらも、目配り、耳配りを忘れないでください。

目の前に集中しながらも、目と耳で全体を把握しよう

18 数字と名前を間違えない

～超一流の人は、「絶対に間違えてはいけないこと」を知っている～

超一流の人は、数字と名前に対して敏感です。

仕事に必ずついてくるのが、「数字」と「名前」。

数字は、日にち、時間、金額、人数などなど、どれをとっても、ひとつ間違えると大問題になりかねないことばかり。

例えば、「1（いち）」と「7（しち）」の聞き間違いなどをしない。当然、金額も「0」ひとつ書き忘れたとか、逆に多く書いてしまった、などのミスは取り返しがつかない事態になりかねません。また、「2万円でお願いします」を「20000万円でお願いします」など、あり得ないと思うようなミスが日常で起きていることは否めません。これらも仕事に意識を集中していないと起きがちなミスです。

迅速な仕事は大切ですが、スピードを優先しすぎて、数字や単位などの間違いをしてしまうのは本末転倒です。

「名前」も同じです。例えば、同じ「あべ」さんでも「阿部」「安倍」「安部」など、様々な漢字があります。

また、社名は、「前株《まえかぶ》」「後株《あとかぶ》」といって、「株式会社○○」なのか「○○株式会社」なのかも間違えないようにしましょう。

相手や相手の会社の名前を間違えることは、相手を不快にさせ信用を失うことにつながります。

訪問したり、メールをしたりする際、必ず担当者の名前や会社名などが間違っていないかチェックするよう心がけましょう。

思い込みは危険！　数字と名前はミスがないか必ず確認をしよう

19 言われたことにプラスするクセをつける

～超一流の人は、「言われた以上のこと」をする～

仕事をしていると指示・命令、依頼、お願いが日常茶飯事です。

普通の人は、されたことだけを行います。言われた通り仕事をすることは、もちろん大事なことです。

しかし、**超一流の人は、言われたことに、さらにプラスして仕事をします。**

例えば新人でも、先輩から「コピー機のA４の用紙がなくなったから補充しておいて」と言われたが、その際、B５やA３の紙もほとんどなくなっていた。

そこでA４の用紙だけを補充する人。

このとき言われてはいないけれど、B５やA３のカセットも確認をして、補充する人。

どちらが、できる人と評価をされるでしょうか。

これは、56ページでお伝えをした、目配りにも通じることです。後者は、B5やA3のカセットにも目を配るという「考えて動けること」の表れです。

仕事ができる人かどうかは、周囲に目を配り、耳を配った結果、それに対して「気配り」「心配り」ができるかで明暗が分かれる、といっても過言ではありません。

この例に限らず、超一流の人は、他者や他社への立場にたって、「依頼されたのはこれだけど、これもやってあげると楽になるだろう」と常に考えています。

これが、**目配りと耳配りの先にある「気配り」**です。

他者、他社への気遣い、心遣いのできる人や会社は素敵ですよね。

あなたが仕事で評価される人になるためには、**「常に言われたことをやるのは当然。さらに何か貢献できないか、プラスできないか」**を考えるクセをつけてみてください。

それだけであなたの印象は大きく変わっていきます。

「気配り」「心配り」も意識して実践しよう

20

9割の時間を笑顔で過ごす

～超一流の人は、「心からの笑顔」を大事にする～

社会人は第一印象がとても大切です。なぜならば、ひと目会ったその一瞬で、「良い」「悪い」の評価が下されてしまうからです。

仕事をする上で忘れてはならないこと。それは、お金を支払ってくれる人への感謝の気持ちです。仕事において、お金を支払ってくれる相手には「お客様」「取引先」そして、「自社」の存在があります。

１００円で販売しているボールペン。１００円の内訳には、原価があって利益も含まれています。ということは、お客様は、利益分も支払ってくれているのです。その利益分の中には、あなたの心からの微笑み代も含まれています。お金をいただく以上、感謝の気持ちを持って、その気持ちを表情で表しましょう。

マナーというと様々な作法を想像すると思います。
しかし、**マナーの本質は相手の気持ちを想像して、心地よい気分にすること**です。
そのために大切なのが、「笑顔」です。ヘラヘラするとか、笑っていればいいという
ことではありません。

メラビアンの法則という有名な法則をご存じでしょうか。
矛盾したメッセージが発せられたときの人の受けとめ方とその影響について実験したものです。
この実験から、言葉や内容は7%、口調などの聴覚情報が38%、視覚情報が55%の影響を受けることがわかり、法則として流布されました。
この法則からもわかる通り、どれだけ立派な言葉を並べ立てても、良い表情で伝えられなければ、相手に伝わるものも伝わりません。

笑顔をいつも意識しましょう。

あなたがどれだけ丁寧で気遣いを持っていると思っても、表情がこわばっていた

り、無表情でいたりすると、相手は心地よくありませんから。
さらに、笑顔でいると体内のナチュラルキラー細胞が増えます。ナチュラルキラー細胞は免疫力を高めてくれるもの。いい仕事をするためには、健康も大事です。

いい笑顔ができる人は仕事もプライベートもうまくいく

第2章

超一流の
話し方のマナー

21 人と話すときに、相手を意識して話をする

〜超一流の人は、相手を中心にして話す〜

ひと口に「話し方」といっても、対面で話すときもあれば、相手の顔が見えない電話応対のときもあります。

どちらにも共通していえることは、必ず「相手」が存在する、ということです。

「相手の存在を意識して話す」ことが、話し方のマナーの原点となります。

よく「話しすぎる営業マンはダメ」と言われますが、自分だけがベラベラ話す人というのは、相手不在だからダメになるのです。

仕事のシーンだけでなくても、自分のことばかり話す人はあまり好かれませんよね。その理由は、自分中心だからです。これはマナーの精神に反します。そこに相手の存在がないと、コミュニケーションは成立せず、「私のことなんてどうでもいいのね」と、思われて嫌われてしまうのです。

あがり症の方も同じです。
接客コンサルタントの森下裕道先生は「あがり症の人は、『（自分が）上手く話さないといけない』とか『（自分が）失敗したらどうしよう』などの気持ちを持って話をするから『あがる』のだ」とおっしゃっています。
つまり、**すべて主語が「私」、自分の気持ち、自分目線になっている**からです。
そうではなく、話すときは、「（相手が）話を気持ちよく聞けるように」とか「（相手が）自分の伝える内容でプラスになるように」など、主語を「相手」に置き換えるだけで、自然とあがらなくなる、といいます。

超一流の人は、自分ではなく相手を意識して話します。

自分がどう思っているか、何を話したいかの前に、「相手がどう思うか」「相手はどういうことを聞きたいか」を頭に入れて、話すようにしましょう。

自分のことばかり意識していないか注意する

22 声の印象を良くする方法

～超一流の人は、声の印象も大事にする～

相手と心地よいコミュニケーションをとるために、声も大切な要素です。意外とこの声の出し方に気をつけている人は多くありません。

ここで覚えていただきたいのが、**「声にも表情がある」**ということ。

声の表情とは、声の大きさ、トーンです（話す速さも含みます）。

あなたの周りに、聞き取りづらい声、暗く元気のない声の人はいませんか？

どれだけ普通に仕事ができる人であっても、声の表情が悪いとそれだけで印象が悪くなるはずです。相手によってはそれだけで、**「この人とはあまり仕事をしたくないな」**と思われかねません。

特に電話応対は、より一層の注意が必要です。

電話応対は、会社の印象や取引、売上などに影響をもたらす大変重要なもの。そのときのあなたの声の表情ひとつで判断されてしまうわけですから。

では相手に好感を持ってもらえる声の表情を出すにはどうすべきか。

まず、顔の表情を明るくすることです。具体的にいえば、笑顔でいることを意識することです。声の表情と顔の表情は連動しています。顔の表情が明るくなければ、明るい声を出すことはできません。

ただし、表情は、あなたの心を映し表すものですから、無理に笑顔だけをつくっても、声の表情は本当の意味で良くなりません。

良い顔の表情や声の表情を出すには、あなたの「心」も明るく前向きにやる気に満ちていることが大切なポイントとなります。

特にもともと声が低い男性は、一オクターブ高い声を出すくらいの気持ちで、「はい！　○○会社です！」と電話に出るように心がけましょう。

「ドレミファソ」の「ソ」の音を意識して第一声を発すると「感じが良い人（会社）」と言われるようになります。

普段よりも少し高い音「ソ」を意識して話してみよう

23 話すペースは、相手によって変える

～超一流の人は、話すスピードもコントロールする～

声の表情を良くすることができたら、「話すペース」も意識しましょう。

マナーというと、敬語や言葉遣いを思い浮かべる方が多いかもしれません。

しかし、**超一流の人が重要視するのは話すペース**です。

どんなに正しい敬語を使えて、良い表情で明るい声を出していても、相手と状況に合ったペースで話ができない人は、「なんだ、こいつは？」と相手に不快感を与えてしまいます。結果、良い評価を得られません。

例えば、ゆっくりと話すことは決して悪いことではありません。しかし、相手が急いでいるときやスピード感のある会話がされているときに、ゆっくりと話をしてしまうと、相手（周りの人）はイライラします。

「だから何？　もっと速く話して！」と。

相手の状況に合わせた話し方をしなければ、せっかく良いことを伝えてもそれがプラスの評価につながっていきません。

一般的に、早口は良くない、などと言われていますが、状況によっては、早口で話をしてくれるほうが、ありがたいときもあります。

言わずして相手の状況や心情を慮《おもんぱか》れる人は、この先、どんどん成長し活躍する〝人財〟になれます。

超一流のマナーにおける話し方の基本は、相手のペースに合わせること。

相手の話し方が、少し早口であれば、自分も少し早めにする。

相手が、ゆっくり話す方であれば、自分も少しゆっくり話す。

ただ、自分のペースで話せる際には、もっていきたい速度を意識しましょう。

マナーは、それが型違いなことであっても、その場をスムーズに進行するためには、「相手に合わせる」ということも重要なのです。

早口になってもいい。状況に合ったスピードで話す

24 相手の目は見ない。目を合わせたときに微笑む

～超一流の人は、「話すときの目線」にも気を配る～

私は今までに、多いときには8000人もの聴衆を前にして講演を行ったり、一度に1000人以上の社員向けに研修を行ったりしています。その数は、海外での講演や研修を含めると10万人を超えます。また、少人数を相手に講義、研修、プレゼンテーション、コンサルティングや商談をすることもあります。

その際気をつけていることは、「相手の目をほとんど見ない」ということ。

実際、私は話をしている最中、相手の目はほとんど見ずに話をします。その理由は、目線ひとつにも相手を心地よくするマナーが存在するからです。

よく「相手の目を見て話しなさい」と言われますが、ずっと目を合わせているのは、本人にとっても相手にとっても、実は心地よいものではありません。

適度に目線を外すことが相手とのコミュニケーションを良くします。目線は、相手の鼻から首下までの範囲に置き、目が合いそうで合わない状況をつくります。

もう少し具体的にお伝えしましょう。

すると、かえって相手がこちらを真剣に見てくれるようになります。

なぜなら、相手は、「いつ、目が合うかな」と無意識に思ってくださるからです。特に大人数相手の講演や研修では、多くの皆さんの意識をこちらに向けさせ、皆さんをマナーの世界に誘導していかなければなりません。そのためにも、目線の配り方はとても重要です。

これは、テーブルをはさんで少人数で商談をするときも同様です。ときどき、テーブルの上に目線を落としたりもします。

そして、話し中や話し終えたときの一瞬の「間」に、相手の目を見ます。このときの目は微笑み、口角は上げます。そうすることで、相手に良い印象を与える〝ドキッと感〟を演出できます。

この方法は、相手に話の内容を理解させ、納得させることにつながります。

また、この〝間〟を利用して目を合わせることにより、それまで話した内容を、相手がどれだけ理解できているかがわかります。

さらに、話をしていないときに目を合わせるので、目が合うことであがって話せなくなる、などのマイナスな状況を避けられます。

一瞬の〝間〟に目を見て〝ドキッと感〟を与える

話すときのポイント

<基本と話題>

☑ 自分中心に話さない
☑「相手がどう思うか」「相手はどういうことを聞きたいか」を意識して話す

<目線>

☑ 相手の鼻から首下あたりに目線を置く
☑ あえて相手の目を見ないで話し、ここぞというときに目を合わせる
☑ 目が合ったときは微笑む

<声の表情>

☑ 明るい声を出す意識を持つ
☑ 明るい表情をすると、声も明るくなる
☑ ドレミファソラシドの「ソ」の音を意識する
☑ 電話は特に１オクターブ高い声で話す

<話すペース>

☑ 相手の状況に合わせるのが基本
☑ 相手が早口なら自分も少し早口で話す
☑ 相手がゆっくり話す人なら、自分もゆっくりに
☑ 自分が主導権を握る際は、都合のいい速さで

25 相手が上司でも部下でもクッション言葉を使う

～超一流の人は、「偉そうにならない言い方」を意識する～

「折り返し電話してください」「ちょっと、コピーを取ってきて！」など、仕事中には人に何かをお願いすることがあります。このようなとき、自分の言いたいことだけを伝えてしまうのはＮＧ。

マナーができていない人は、「自分は間違っていないから」とか「自分のほうが格上だから」と、つい「命令」をやってしまいます。

超一流の人ほど、お願いするとき、言葉にクッションを加えます。言いたいことの前に、相手の立場にたつ思いやりのひと言を添えるのです。

「お手数ですが、折り返しお電話をください」

「忙しいところ申し訳ないけど、コピーをお願い」

このような言葉は、ダイレクトに伝える言葉の前につけることで、相手の感情を和らげることから、「クッション言葉」と言われています。

このクッション言葉を使うのは、お願いをするときだけではありません。

例えば、「本日は、お越しくださりありがとうございます」とお礼を伝えるときにも、「本日は、お足元の悪いなか、お越しくださりありがとうございます」とクッション言葉がひと言入るだけで、相手は「自分のことを大切に思ってくれている」と感じてくれます。そして、あなたに好印象を持ちます。また、クッション言葉を添えたあなた自身も、気持ちが良いはずです。

社外のお客様に対してはもちろんのこと、社内の先輩、後輩にかかわらず、クッション言葉を意識しましょう。

すべての人に分け隔てなくクッション言葉を使うクセをつけることで、先輩後輩にかかわらず裏表なく接する、信用に値する人と評価してもらえます。

立場にかかわらずクッション言葉を使える人が一流になれる

26 丁寧語を「使う」ではなく、丁寧語で「伺う」

～超一流の人は、依頼するときでも尋ねる～

人にお願いをするときは、クッション言葉だけをつければ万全というわけではありません。加えて『?』をつけるようにするとより効果的です。

例えば、「電話をしてください」は、「お電話をいただけますか?」と『?』をつけます。

「ください」は、日本語の文法上では丁寧語ですので、言葉としては丁寧な言い方ともいえますが、ビジネスシーンでは、一方的な命令形だと受け止める人も少なくありません。

そこで、可能な限り、『?』をつけて、相手の考えや感情を「伺う」姿勢をとると良いでしょう。

「コピーを取ってきてください」→「コピーを取ってきていただけますか?」

「先に席をお取りください」→「先に席をお取りいただけますでしょうか？」

これを実践すると、２つのメリットがあります。

ひとつは、あえて伺うことで、あなたの謙虚な姿勢が伝わり、好感を持っていただけます。

そしてもうひとつは、相手からすると選択権を与えられることで自分優位と感じ、そうさせてくれるあなたに心を開くのです。

選択権を与えるというのは、「電話をいただけますか？」と訊かれ、「はい」もしくは「いいえ」と、ＹＥＳかＮＯを相手にゆだねるという意味になります。

どれだけ丁寧な言葉遣いをされても、誰だって命令されるのは嫌なものです。

これもクッション言葉と同様に、お客様や上司はもちろん、部下に対しても使うことで、好印象、好評価を持ってもらえます。こうすることで、円滑な人間関係にもつながります。

『？』をつけると謙虚になる

27 「できません」「わかりません」は言わない

～超一流の人は、断るときも代替案を出す～

仕事中、できないことや、わからないことに直面することがあります。そんなとき、「できません」「わかりません」とストレートに伝えるのは、学生のときまでです。社会人になってこのような言葉を使ってしまうと、相手を不快にさせてしまうことがあります。

超一流の人ほど、相手の気持ちになって伝える「言い方」を意識します。

そもそもなぜ、相手が不快になるのか？　それは、この言い方が、まず、社会人として使用すべき敬語になっていないからです。

「できません」は「できかねます」
「わかりません」は「わかりかねます」

となります。敬語は相手を敬う気持ちを表す言葉。だから敬語を使うのです。

そして、ここでも大事なことは、クッション言葉です。相手の立場にたつマナーがあれば、クッション言葉として「申し訳ございませんが」をひと言つけ加え、「こちらはできかねます」と言いましょう。

また、相手の要望に応えることができないときは、それを伝えるだけにとどまらず、可能な限り相手の要望に近づける代替案を伝えるとワンランク上になります。例えば、

「本日の15時まではできかねますが、17時でしたら可能でございます」と。

最後は必ず「いかがでしょうか？」と『？』をつける伺い形で、相手に選択、最終決定をしてもらうマナーを忘れないでください。

否定形は「お詫び＋敬語＋代替案＋？」で伝える

28 断り方のマナー

～超一流の人は、相手を不快にさせない～

ビジネスシーンでは「断り方」も重要です。

相手の立場にたてば、先方の要望に応えるのがマナーではないか、と思われがちですが、断らなければいけないときは、しっかりと断る必要があるでしょう。

ただし、そこで大事なのは、マナーのある断り方をすることです。

まずは、社外やお客様に対しての断り方を見てみましょう。

「本件は、お断りします」とストレートに伝えるのはNG。不躾《ぶしつけ》なモノ言いは、どんなにあなたが正しかろうが、のちのち「しこり」を残します。ここでもクッション言葉を使いましょう。

「お気持ちは重々理解いたしますが」

「ご状況はわかりましたが」

など、相手の気持ちや状況を理解している旨を伝えます。


次に、「申し訳ございませんが」「申し訳ないことでございますが」とご要望に沿えないことに対するお詫びの言葉を添えて、

「本件は、○○様のお役にたつことは難しい状況でございます」

「本件は、控えさせていただきます」

「本件は、辞退させていただきます」

など、状況と内容に合ったスマートな言葉に言い換えましょう。

そして最後は、

「今回はお役にたてず心苦しく存じますが、また何かございましたら、お声かけいただければ幸いです」

「今後とも何卒よろしくお願い申し上げます」

などと、今後につなげるひと言を残せる人や企業はカッコいいですね。

また、社内で何かしらの依頼を受けた際、どうしても難しい場合の断り方は、

「お礼＋クッション言葉＋理由と断り言葉＋お詫び＋代替案＋？」

の6つのステップが基本です。例えば、上司から突然、「これ今からお願い」と新しい仕事を依頼された場合は、

「部長、お声かけくださり、ありがとうございます。しかしながら、大変申し訳ないことに、本日締切の別件を抱えておりまして、時間的に余裕がない状況にあります。申し訳ありません。明日でしたら対応できるのですが、いかがでしょうか？」

と明確な理由と断り言葉、お詫びと代替案を伝えます。

そして何よりも、冒頭の「お礼」を忘れずに。

「ありがとうございます」と、プラスの言葉を伝えることで、上司の心の扉が開きます。

心を開いてもらった上で、事情説明をすれば、相手はきっとそれを理解し、あなたの言い分を受け入れてくれることでしょう。

相手の気持ちを受け入れて、お詫びをして断る

29 言い方ひとつで、マイナスをプラスに変える

～超一流の人は、印象をマイナスで終わらせない～

一流の人ほど、言い方や伝え方に気を配ります。

同じ内容を伝えるにしても、「どう言うか」で、相手の印象はまったく違うものになるからです。例えば、自己紹介をするときに、

(A)「私は、明るい性格ですが、おしゃべりでおっちょこちょいです」
と言ったときと、
(B)「私は、おしゃべりでおっちょこちょいですが、明るい性格です」
と言ったときでは、どちらの言い方のほうが良い印象になるでしょうか。
前者も後者も、「明るい性格」「おしゃべりでおっちょこちょい」という同じ情報を

伝えていますが、「～ですが」と逆接の接続詞で2つのことを伝えています。そのため、Aは、「おしゃべりでおっちょこちょいな人」という印象が残り、Bは、「明るい性格の人」という印象が残るのです。

ですから、相手の印象に残したいことを、逆接の接続詞を使いながら、伝えましょう。プラスの話を後ろに持ってくることで、あなたの印象が良くなります。

この話法は、クレーム対応にも有効です。

自社を批判しているお客様のクレームに対し、最初はお詫びとともに、お客様の批判に共感、すなわち、自社のマイナス面をオウム返しする。そのことで、お客様は自分の言い分を理解してくれたあなたに心を開きます。

先方の心の扉が開いたら、自社のプラス情報を伝え、最終的にはクレームをプラスに変換させましょう。この話法をうまく使えるようになると、クレームを言ってきたお客様も、自社のファンに変えることができます。

超一流の人ほど、印象に残したいことを最後に言う

30 相手を否定せず自分の意見を言う

～超一流の人は、「オウム返し」を大事にする～

相手の用件や意見に対し、断らざるを得なかったり、反論をしなければならなかったりするときがあります。

その際、相手の意見に対し、「そうではなくて」とか「聞いてないよ」などと、すぐに否定や反論をすると、人間関係に角がたってしまいます。職場やお客様との人間関係は一度こじれてしまうと、元に戻すために大変な労力がかかります。場合によっては、修復不可能になることもあります。

超一流の人のマナーある話し方は、人間関係をスムーズにするものです。

人間関係をスムーズにする話し方は「相手の意見を必ず一度受け入れること」。

そのために、まずはいったん、相手の言葉をオウム返し（同じ言葉を返す）します。

（例）先輩「明日から朝礼では、みんなでラジオ体操をしたいと思います」
×「したくありません」
○「明日から朝礼でラジオ体操をしたい、ということですね……」（オウム返し）

即否定するのではなく、一度オウム返しをすることで、相手は自分の意見をいったんは受け入れてくれた、と感じます。これにより、相手は完全否定されたと感じません。そして、心の扉が開いている状態をつくったあとに、自分の意見を伝えます。

「しかし、人によっては、体調の問題などを抱えているかもしれないので、朝礼前に希望者のみで行うのはいかがでしょうか？」

オウム返しをしたあと、自分の言いたいことを伝えると、相手を傷つけたり、恥をかかせたりすることなく、自分の意見を伝え、さらには自分の意見を受け入れてもらえるＷＩＮ－ＷＩＮの関係が築ける言い方になるのです。

反対意見を言うときは、まず「オウム返し」して受け入れてから

第3章

超一流の
ビジネスメールの
マナー

31 メールの書き方にもマナーが必要な理由

〜超一流の人は、ビジネスメールの基本を身につけている〜

ビジネスシーンではメールが当たり前に使われています。

一般社団法人日本ビジネスメール協会が行った「ビジネスメール実態調査2015」によると、仕事で周囲とコミュニケーションをとる主な手段の第1位は「メール」で、その割合は、98・33％という結果でした。

仕事のやり取りを行うメールを「ビジネスメール」といいます。これは、家族や友人たちに送信するメールとは異なり、手紙と同様、一定の書き方があります。

しかしそれは、手紙やハガキの書き方とは異なりますので、ビジネスメールはビジネスメールとしての書き方を習得しましょう。

メールのマナーが必要といわれるのは、メールの書き方ひとつで、良くも悪くもあなたの人柄が相手に伝わり、評価されてしまうからです。

電話対応が声だけで判断されてしまうように、ビジネスメールでは文字だけで評価されてしまいます。ビジネスメールがダメだと、

「なんだよ、わかりにくいな」
「言いたいことはなんだろう」
「常識がないやつだな」

と思われてしまいます。ニュアンスや感情も伝わりづらいため、誤解が生まれやすいのもメールによるコミュニケーションの特徴です。

会社に属すると、あなたはその会社の一員であり、社外の人に対しては、会社を代表してコミュニケーションをとっているという意味合いになるので、あなたのメールでの印象はイコール、会社の印象になる、ということも意識して書きましょう。

メールで送信者の人柄と会社の印象が決まる

32 ビジネスメールで気をつける基本5原則

～超一流の人は、「文字だけのやり取り」の危険を知っている～

ビジネスメールを書くときの3大ポイントは、「わかりやすい」「適切な言葉遣い」「過不足のない情報」です。

これら3つのポイントをおさえたビジネスメールの基本5原則は、次の通りです。

1. 読みづらい文章や書き方で送信しない（一行30文字以内で改行するなど）
2. 必要な情報を書く(例：場所名だけでなく住所や、電話番号、行き方などを書く)
3. 一方的で攻撃的と感じさせない丁寧な書き方をする
4. 解釈が2通り以上になるような曖昧な言い回しはしない
5. 「!」、「?」や絵文字、機種依存文字は用いないメールを受け取り不快に感じたことのワースト5は、以下の順になっています（※）。

- **文章が曖昧（31・38%）**
- **文章が失礼（30・18%）**
- **必要な情報が足りない（26・13%）**
- **メールが読みづらい（24・62%）**
- **文章が攻撃的（21・32%）**

この結果からもおわかりの通り、メールマナー基本5原則をしっかりと念頭に置いてメールを書く必要がありますね。

電話であれば、声のトーンや話し方で気持ちが伝わります。会って話せば相手の表情から真意を読み取ったり、その場で相手に合わせたりすることができます。

しかし、メールは本来、感情が伝わりにくい、文字だけのコミュニケーションです。言葉の選び方によっては誤解を生んでしまう可能性があります。したがって、ビジネスメールは、通常のマナー以上に受信者に対する配慮が必要なのです。

ビジネスメールの基本5原則をおさえた上で書こう

※一般社団法人日本ビジネスメール協会　「ビジネスメール実態調査2015」より

33 宛先や件名は最後に入力する

～超一流の人は、「誤送信」をしない仕組みをつくる～

ビジネスメールでもっともやってはいけないことが、メールの誤送信です。

まったく関係ない人に送ってしまうことは情報流出にもつながり、会社の大損害にもなりかねません。また、相手からすると、自分と関係ないメールを受け取ることは、大変な失礼になります。

この誤送信を避けるために、次の順番でメールを書くとよいでしょう。

①本文
②署名
③件名
④宛先

メールソフトで新規作成をし、**最初に「本文」から書き始めます。**

本文を書き終えたら、**「署名」→「件名」→「宛先」の順で入力**しましょう。そうすることで、書いている途中の誤送信を防ぐことができます。

送信ボタンをクリックする前に、必ず宛先をもう一度確認しましょう。

また、ビジネスメールの件名は、「おはようございます」など、何を目的としたメールなのかわからない件名は書きません。

例えば、「４月の定例会について」など、どのような内容のメールなのかがひと目でわかる件名にします。その意味においても、本文を書いたあとに、件名を書くことは、理にかなっているのです。

さらに、件名の欄に「(〇〇会社　斎藤香織)」など、自社名と名前も入力することで、受信者がどの会社の誰からのメールなのかもひと目でわかります。同時に、受信者がのちに検索をする際にも、見つかりやすくなり、親切なメールとなります。

件名には『社名と名前』も書く。本文から書き始める

34 なぜか協力したくなる人のメールの書き方

～超一流の人は、「面倒でも丁寧さが大事」と知っている～

本文の冒頭には、相手の社名、部署名、肩書、名前、敬称を書くと丁寧です。ただし、メール本来の簡略性などの視点からは、ここまで書く必要はないと言われることでしょう。

とはいえ、礼儀正しさを重んじる日本人の気質からは、せめてその相手に最初に送信するメールだけでも、このように書くことをおすすめします。

それは、あなたが「きちんとしている人」という評価につながるからです。

ここまで書くのは面倒くさいと思う人もいると思いますが、**面倒だからといって、手を抜くクセをつけてはいけません。仕事で手を抜くと、それはいつか必ず、トラブルや事故につながるからです。**

特にメールは日々の習慣です。いつもきちんとしたメールを心がけて書いている人は、その他の仕事でも丁寧で正確な仕事をするクセが身についていきます。

「きちんとしている人」と思ってもらえることは、「礼儀正しい人」→「安心できる人」→「信用・信頼できる人」→「仕事のできる人」となり、「なぜか協力したくなる」と思ってもらえる人になる、と京都を拠点にご活躍中のマナー講師の金森たかこ先生はおっしゃっています。

あなたに協力してくれるということは、すなわち、自社にプラスをもたらすことです。一通のメールの書き方ひとつで、収益アップにつなげることができるのです。

面倒でも、丁寧かつミスなく正確なメールを書く

35 改行をうまく使う

～超一流の人は、「どう見えるか」も大事にする～

メールのマナーで大切なのは、読みやすいものにすることです。

相手は文章を読んでいると同時に、見ているのです。

例えば、ぎちぎちに詰まった辞書のような本は、どれだけいい内容が書かれていようが、一目見た瞬間「読むのは大変そうだな」と感じるはずです。

メールも同様。

文章のわかりやすさも大切ですが、それと同時に目で見て、読みやすいかも大きなポイントとなります。見やすさも意識して、文章を書いていきましょう。

メールを書くときは、行頭1文字をあけることなく、左端から書き始めます。

パソコンメールの場合は、1行30文字以内で改行しましょう。受信者が目で追う文字の範囲を一定にすることで、負担を軽減でき、読みやすくなります。

そして、**長くても5〜6行くらい書いたら、1行あけて段落をつくりましょう。**2〜3行で1行あけても構いません。NGなのは、行をあけることなく、長々と書き続けることです。

段落がないと、読みにくいという第一印象を持たれ、読むのが億劫になると感じ、メールを読んでもらえない可能性も出てきます。

説明が長く、わかりにくくなりそうなときは、箇条書きを使いましょう。

相手が気持ちよく読める書き方をすることもマナーです。

改行は長くても5〜6行で

36

返信メールで差をつける

～超一流の人は、普通の人が「見てない所」も大事にする～

これはビジネスメールのマナーのなかでもワンランク上のマナーです。

返信をするときに、件名には「Re:」が表示されます。

「Re:」は、Replyの略で、『返信』を意味します。やり取りを重ねると、どんどんと「Re:」が増えていきます。返信する場合は、**何度目であっても「Re:」はひとつ**にします。

また、返信をする際は、返信内容の下に、先方からのメールを残したまま送信する場合がほとんどです。このときに表示されるのが次のような1行。

「On 2016/02/23, at 12:15, ABC Company wrote:」

この箇所にも敬称を書き込んでみてください。

あなたの相手に対する敬意を表すひとつの武器となります。

(例1)「On 2016/02/23, at 12:15, ABC Company **御中** wrote:」

(例2)「On 2016/02/23, at 12:15, tarok@○○○.co.jp **様** wrote:」

といった感じです。

「ここまでやるの!?」

「そんなの面倒だよ」

と思うかもしれませんが、あなたが「やってみよう」と思うのであれば、ぜひ実践してみてください。

この些細なことに気づいてくれ、あなたを評価してくださる人がこの世に必ずいます。そして、気づいたときは、きっと「スゴイ」と感じてくださるはずです。

「ここまでやるか!」が〝超一流〟の証

第4章

超一流の
訪問・来客応対の
マナー

37 コートは「裏表」にたたんで訪問する

～超一流の人は、「塵ひとつ持ち込まない意識」を持っている～

お客様や取引先などを訪問する際のマナーを見ていきましょう。

相手が一流の会社であればあるほど、訪問者のマナーは見られています。訪問時のマナーがなっていないと、あなた自身はもちろん、あなたが属している会社の評判や取引にも影響を与えてしまいます。

ですから、訪問時のマナーもしっかりおさえておきましょう。

まず、訪問先の建物に入る前に、コートやマフラー、手袋を脱ぎ、外しましょう。

マフラーや手袋は、かばんの中にしまい、コートは裏を表にして三つ折りにし、左腕にかけます。コートは防寒目的に加え、塵よけの目的もあります。

そのため、表向きにしたまま持ち込むと、塵を取引先に持ち込むことになってしまいます。汚れた表面を裏に隠すという配慮からなる動作です。

ちなみに、西洋では、コートは建物の中に入るときは、着たままでＯＫ。実際に部屋に通されてから脱ぎます。一般のお宅に伺うときも同じです。

男性は、建物の中に入る前に必ず帽子は取るのがマナーです。西洋では女性の帽子は洋装の一部（ヘアアクセサリーの一種）と考えられているので、帽子は取らなくても良いといわれています。しかし、ビジネスシーンでは、男女ともに取っておくのが無難です。

さらに気をつける点は、靴の底。玄関マットがあれば、そこで靴底を綺麗にしてから入るように。先方の廊下を汚すことのない配慮も必要です。

取引先に伺うときは、より一層マナーを意識しよう

38 基本は15分前に建物に到着する

〜超一流の人は、「相手の時間」をムダにしない〜

訪問するときは、**遅くとも約束の時間の15分前までには、その会社の建物に到着するるようにしましょう。**余裕をもって到着することで、その分、気持ちも落ち着き、万全な態勢で商談などに臨むことができます。

大きな建物などの訪問先の場合、エレベーターが降りてこない、混雑していてなかなか乗れないなど、訪問先のフロアに行くまでに、時間がかかることがあります。ですから、約束時間の10分前には受付を済ませるようにします。

その一方で、早く到着したからといって、早めに訪問すると、先方にとって迷惑になることもあります。相手は約束の時間に合わせて、動いているからです。

また、担当者がすぐに入り口や受付などに出てこられる環境の会社であれば、約束の時間の5分前くらいに訪問しても良いでしょう。

受付では、明るい表情と声のトーンであいさつをします。このとき、自分の部署名まで伝える必要はありません。社名と名前を名乗ります。そして、何時にどの部署の誰とアポイントメントをとっているかを伝えます。

「お世話になっております。○○会社の佐藤と申します。本日、14時に営業部の山田様とお約束をさせていただいております」

これは、電話が置いてあるだけの無人の受付でも同様です。電話ですので、普段より高い声のトーンで、感じ良く同様に名乗りましょう。

この際も、いつ誰が来るかもわかりませんし、カメラで見られているかもしれませんから、無人の受付であっても、コートなどは脱いで姿勢を正して行いましょう。

いつでもどこでも、会社の一員、会社を代表して訪問をしているという意識を忘れずに、礼儀正しくスマートに立ち居振る舞うことが大切です。

お客様、取引先の相手の時間をムダにしないようにしましょう

39 人と一緒に歩くときにもマナーがある

～超一流の人は、「上司より一歩下がる」ことを意識する～

上司に同行して歩くときは、絶対に上司の真横に位置してはいけません。上司の半歩後ろに位置して歩きましょう。

また、信号などで立ち止まるときは、上司より一歩下がった位置に立ちます。これは、電車内などあらゆる場所で共通していえることです。

もちろん、上司によっては「一歩下がってなんてしなくていいよ」とおっしゃる方もいることでしょうが、大事なことは、あなたがその意識を持って行動することなのです。

目上の人を敬う気持ちがあればこそ、謙虚に半歩や一歩控える動作が必要です。

仮にフランクな人間関係の会社であっても、常に目上の人を敬う気持ちと姿勢は忘れないようにしてください。

見る人が見れば、謙虚な行動をとっているあなたを高く評価してくれます。

このような日頃からの立ち居振る舞いが、他社を訪問したときにも表れます。案内をしてくださる方の斜め後ろに位置し、歩きます。

廊下を歩くときも、先方が真ん中をすすめてくれても、ど真ん中を歩かずに、少しでも端寄りを歩くだけでも、謙虚で礼儀正しい人という好印象を与えます。

上司・先輩の真横に位置しない

40 お客様を案内するときのマナー

～超一流の人は、「小さな配慮」を大事にする～

階段やエスカレーターでの原則は、お客様（訪問者）が上、案内人（あなた）は下に位置するのがマナーです。しかし、ビジネスシーンでの上り階段の場合は、訪問者が先に歩いていくのは不安になることから、案内人が先導します。

したがって、訪問者は案内人よりも低いところに位置することとなります。このときの案内人のマナーとしては、訪問者にひと言「お先に失礼いたします」と伝えることです。

下り階段のときは、案内人が先に降りるため位置的には下になるので問題はありませんが、訪問者よりも先に降りて進んでいくことになるため、先に行くことに対する断りのひと言を伝えるのがマナーとなります。

あなたがお客様として対応される訪問者となるときでも、階段の真ん中より端側を歩く配慮を忘れないようにしましょう。

また、エレベーターに乗る際、あなたがお客様をご案内するときや、目上の方とエレベーターに乗るときにも、案内の仕方があります。

乗る前は、誰よりも早く、エレベーターの上下いずれかのボタンを押します。他の人に先に押されてしまうようでは気が利かない人、役立たずな人、というレッテルを貼られる可能性大です。

もしも、そうなってしまったら、「恐れ入ります」と必ずこのひと言を発し、お辞儀をしてください。このひと言とお辞儀ができれば、「常識がなくて、しなかったわけではないのか」と相手は思ってくれて、まだまだ挽回できます。

中に入るときは、中に誰もいなければ、案内人である自分が先に入ります。安全を確認するためです。中に入ったら、操作盤の前に立ち、片手で『開』ボタンを押し、もう一方の手でドアを押さえ、お客様に入っていただきます。

すでに人が乗っているときは、訪問者（お客様）に先に入っていただきます。

自分が一番下の立場なら、率先して動こう

41 ドアの開け方と入室の仕方

～超一流の人は、「ドアの開け方」も心得ている～

ドアには、押し開けるドアと引いて開けるドアがあります。また、近年、スライド式の引き戸タイプもドアとして存在します。

お客様を自社に案内する際の入室のマナーを見ていきましょう。

ノックをして、これから入室しても良いか合図を送ります。

押し開けるドアの場合は、**ドアを開けたら案内人が先に入室**します。このとき、「お先に失礼いたします」と言って、会釈を行うことを忘れないようにしましょう。

入室してもドアノブを持ったまま、ドアが動かないようにし、「どうぞ」と伝えてお客様に入室していただくよう案内します。

一方、引いて開けるドアの場合は、ドアを引き開けたら、お客様に「どうぞ」と伝え、先に入室していただきます。引き戸タイプの場合も、ドアをスライドさせたら、お客様に先に入っていただきます。

このときに大切なことは、**ドアを開けたら、一度、部屋の中を見て、テーブルの上に前の商談で使用した湯のみ茶碗などがないかどうかなどを確認する**ことです。もしも前の商談で使用された形跡があったら、急いで片づけて、綺麗な状態にしてから案内するようにしましょう。

ほとんどのお客様は、打ち合わせの部屋で時間を過ごすはずです。ここが汚れていたり、整っていなかったりすると、心地よくないため、印象は悪くなります。気持ちよく商談もできませんし、会社の評判が下がることにもなりかねません。必ず事前にチェックし、来客を迎えるための整理と清掃をしておきましょう。

事前に部屋が汚れていないか確認しておこう

42 席次のマナー　訪問者は上座に座る

～超一流の人は、ときに「あえて下座」を譲る～

次に席次のマナーです。

基本的に、出入り口からもっとも遠い席が上座、出入り口にもっとも近い場所が下座となります。和室、洋室ともに同じルールになっています。

ただし、下座からの景色が素晴らしい場合などは、相手の希望を伺った上で、下座に座っていただくこともあります。

大切なことは、基本を知り、習得した上で、臨機応変に型を崩すということです。「こちらがお仕事をいただく立場なので」という理由から、訪問者が下座に座ることがあります。この姿勢は大変謙虚な気持ちの表れとして評価できるでしょう。

しかし、訪問される会社側から見ると、たとえ仕事を依頼する立場であっても、訪問者は〝お客様〟という認識で対応しています。したがって、案内人は、訪問者に対し、「こちらにお座りになってお待ちいただけますか?」と上座にお座りいただくよう、席を明確に示してあげます。そして訪問者側は、遠慮せずに「恐れ入ります」と言って、すすめていただいた上座側に位置しましょう。

このときは、仕事をもらう立場として、謙虚な姿勢を表すには、**上座側のもっとも下座となる位置**に座るといいでしょう。こうすることで、相手の厚意を無駄にすることなく受け入れ、かつ、謙虚な気持ちも伝えることが可能となり、双方にとってプラスとなります。

基本を習得した上で〝型〟を崩す

席次の基本

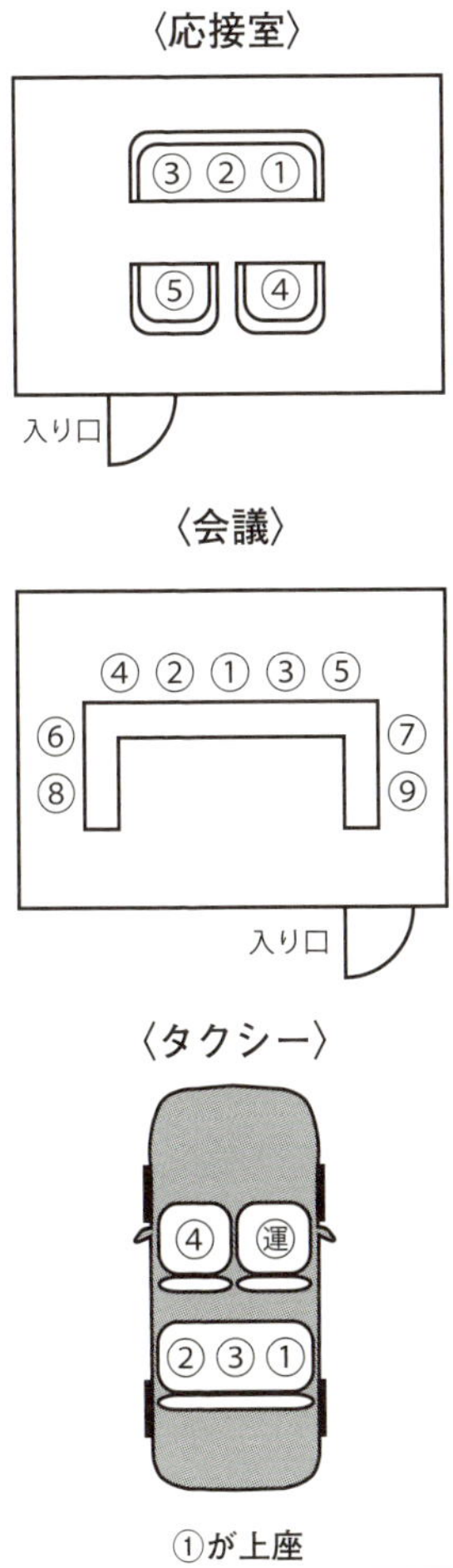

43 名刺の意義と名刺入れ

～超一流の人は、名刺入れを複数携帯する～

名刺はその人の分身です。ゆえに、特に日本では、名刺を大変丁重に取り扱う風潮があります。まず、名刺は必ず名刺入れにしまって携帯をするということです。名刺を財布や定期券入れ、手帳に挟むなどしないようにしてください。そのままポケットに入れて持ち歩く、ということも論外です。

名刺入れは、革製か布製のもので、中が2段になっているものを携帯します。上の段にはいただいた他人の名刺を、下の段には自分の名刺を入れておきます。常に、相手の分身である名刺が上、という考え方からなっています。

ステンレス製の名刺入れは、デザイン性もあって人気があるようですが、落とした際に音がすることや、床に傷をつける恐れがあること、また、中が2段になっているものが少ないという理由から、おすすめをしません。

しかし、すでに持っている場合は、セカンド名刺入れとして使いましょう。セカンド名刺入れは、大変役立つ存在です。メインの名刺入れを忘れたときや、名刺を切らしたときに、サッとセカンド名刺入れから出すことができれば、スマートですね。

「後日、お送りします」なんていう手間も省けます。さらに、二人の方と名刺交換をした際に、二人ともの名刺を、名刺入れの上に置いて商談することも可能となります。

これらの意味合いから、私は常に最低でも３つの名刺入れを持ち歩き、いただいた名刺はなるべくテーブルの上にじか置きして商談をしないよう、可能な限りの範囲で配慮しています。

名刺を忘れることのないよう、セカンド名刺入れを用意しよう

44 名刺の渡し方・受け取り方

～超一流の人は、名刺を大切に扱う～

名刺交換は、**「渡すだけ」「受け取るだけ」「同時に交換」**の3種類があります。渡すだけのときと、受け取るだけのときは、名刺は基本的に両手で扱うもの、とされています。

渡すだけのときは、

1．立ち上がって相手の正面に立ち、名刺入れから名刺を取り出す

2．社名と名前を名乗り、名刺を相手から名前が読める向きにして、両手で差し出す（慣れないうちははじめから相手向きにしてもＯＫ）

「わたくし、マナコミ株式会社の阿部と申します。どうぞよろしくお願い致します」

相手が複数の場合は、役職や職階の高い人（上位者）から順に渡します。上司や先輩に同行している場合は、上司や先輩が名刺を渡したあとに、あなたも渡します。

受け取るだけの場合は、**「頂戴いたします」**と言って、**両手を胸の高さに位置**し、**両手で**受け取ります。

このとき、瞬時に相手の会社名と名前を確認します。そして「○○社の○○様でいらっしゃいますね」と復唱して、確認するのもよいでしょう。

相手が複数の場合は、役職や職階の高い人の名刺から順番に受け取ります。いただいた名刺は、常に最上位者の名刺が一番上にくるように、上位者の下に差し込んでいくことも、超一流の人が心得て、実践している名刺の受け取り方です。

相手が複数の場合は、役職や職階の高い人から順に

45 名刺交換はコミュニケーションのチャンス

〜超一流の人は、名刺で話題を広げる〜

実際の現場では、名刺交換は互いが**同時に交換**するシーンがほとんどです。名刺交換では、**訪問者から先に名乗ります。**名刺入れを左手に持ち、名刺は右手で扱います。同時に交換するので、左利きの人も可能であれば、右手で取り扱うとスムーズに交換ができます。

最初は自分向きに名刺入れの上に名刺を置きます。名乗ったあとに、名刺の左上を持ち、180度、右回しにし、相手から見て読めるようにします。

続いて、相手も同様に名乗り、名刺の向きを回転させたら、互いに相手の名刺入れの上に自分の名刺を置きます。交換をするとき、相手の名刺よりも下の位置にすることで、謙虚さを表わすことができます。

すでに上司や先輩などの名刺が、相手の名刺入れの上にある場合、自分の名刺は一番下に差し入れます。

いただいた名刺は名刺入れの上にのせ、右利きの人は、自分から見て左斜め前方に置くのが基本となります（左利きは逆になります）。筆記するときに名刺の上に腕を置いたり、いただいた名刺を落としたりする危険を回避するためです。

相手が複数の場合は、役職が一番上の人の名刺だけを名刺入れの上に置き、他の人の名刺は直接テーブルの上に置いて構いません。

珍しい名字や漢字が難しい場合などは、相手が名乗る名前をよく聞き、「この漢字は○○○様とお読みするのですね。存じませんでした。勉強になります！」など、名前をきっかけにコミュニケーションをとることが可能です。

また、相手は名乗ったけれども、その名前を聞き取れなかった場合は、「申し訳ございません。こちらのお名前は何とお読みすればよろしいのですか」と確認しても構いません。ただし、よく見れば表や裏にローマ字表記で名前を印刷している場合もありますので、必ず表裏を確認してから訊くようにしましょう。

名刺交換でもコミュニケーションをとろう

46 相手の名刺を褒める

～超一流の人は、小さなことでも相手を気持ち良くさせる～

先ほどお伝えした通り、名刺交換はコミュニケーションのチャンスです。いただいた名刺を見て、その名刺の感想を伝えて差し上げると相手は喜びます。写真付きであったり、凝ったデザインであったり、特徴があるはずです。そのときに大事なのは、何かしらで褒めること。

例えば「お写真付きなので絶対に○○様のお顔は忘れませんね。ありがとうございます」という感じです。

こだわりをもって工夫している名刺に気づいてもらえると相手は嬉しく感じます。そこで、**第一印象であなたに対して好印象を抱き、心を開きます。**相手が喜ぶポイントを瞬時に見つけ、それを素直に伝えることのできるよう、まずはあなた自身の心の扉を開くことからスタートしましょう。

名前や漢字を褒めるのでも構いません。

例１　名前や漢字を褒める
「祝さんって、本当におめでたい名字でいらっしゃいますね。こちらまでめでたい気持ちになります」

例２　自分の顔のイラスト入り名刺
「こちらのイラストは○○さんにそっくりですね」

例３　サービス内容を裏などに記載
「このような事業展開をなさっているのですね。名刺の裏に書いてあるとわかりやすいですね」

名刺交換は第一印象を決めるタイミング！

47 紹介の順序のマナー

～超一流の人は、どの順番で紹介するかも知っている～

取引先と上司を引き合わせて紹介をするときなどにも、紹介する順序があります。基本的には、先に目上の人に対して、目下となる人を紹介する、と覚えておくと良いでしょう。

例えば、あなたが、取引先の社長と上司を引き合わせる場合は、取引先の社長に対して、自社の上司を紹介したあとに、自社の上司に対し、取引先の社長を紹介します。左ページの図をよく覚えておきましょう。

1. 取引先社長に上司を紹介「社長、こちらは、上司の佐藤です」
2. 上司に取引先社長を紹介「佐藤さん、こちらがお世話になっている○○商事の社長の小島様です」

紹介するときの順序

①

社長、こちらは
上司の佐藤です。

②

こちらがお世話になっています
○○商事の社長の小嶋様です。

◆「目上と目下」の場合

①目上の方に目下を紹介　→　②目下の方に目上を紹介

◆「年長者と年少者」の場合

①年長者に年少者を紹介　→　②年少者に年長者を紹介

◆「依頼者と被依頼者」の場合

①被依頼者に依頼者を紹介　→　②依頼者に被依頼者を紹介

◆「男性と女性」の場合

①女性に男性を紹介　→　②男性に女性を紹介

48 お見送りのマナー

～超一流の人は、相手が見えなくなるまで見送る～

人を見送るときにもマナーがあります。

見送りは、「その部屋の中まで」「部屋を出た廊下まで」「エレベーターまで」「玄関口まで」「外まで」という5パターンがあります。

すべての場合において共通していることは、訪問者側も、見送る側も「本日は貴重な時間を頂戴し、ありがとうございました」と、互いに感謝の気持ちを込めて最後のあいさつをすることです。

特にエレベーターの前で別れるときは、エレベーターが完全に閉まりきったあと、3秒間はお辞儀をしたままでいましょう。閉まったと思って安心し、すぐに上体をおこすと、まだ閉まりきっていない場合があります。

外まで見送る場合は、基本は訪問者が見えなくなるまで見送るとされています。

ただし、それを相手が好まない場合は、ほどほどのところで、失礼をしても良いでしょう。ずっと見送り続けることで、かえって相手に気を使わせることもあります。

どうすればいいのかわからないときは、上司や先輩に倣い、周囲に合わせた行動をとることもマナーのひとつです。

別れ際の印象が悪いと、すべての印象が悪くなる

第5章

超一流の
食事・会食の
マナー

49 会食の席次のマナー

～超一流の人は、会食中の席次を身につけている～

社会人になると、取引先との会食やパーティに招かれる機会が増えます。

突然の誘いにも恥ずかしくない食べ方や振る舞いを身につけておくと、余裕を持ってその場にいることができます。接待や社内の飲み会も、会社の一員として参加する以上、そこは「仕事の現場」です。

食事のマナーでも、席次は重要です。

基本は、応接室や会議室などと同様に、**出入り口から遠い位置が上座**となります。和室の場合は、**床の間の前が上座**です。

ここで気をつける席次は、中華料理の円卓の場合です。最上位の人から見て、左に2番目、右に3番目の人が座ります。その後、左右交互に4番、5番となります。会議などの円卓の場合は、司会者や最上位の人から見て、次に上位となる人は右、その次の人は左となり、中華料理のときとは逆になりますので、注意してください。

<和室>

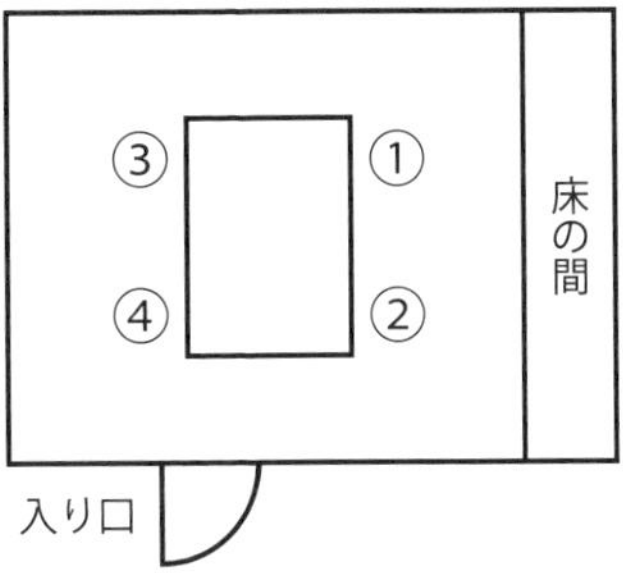

<洋室>

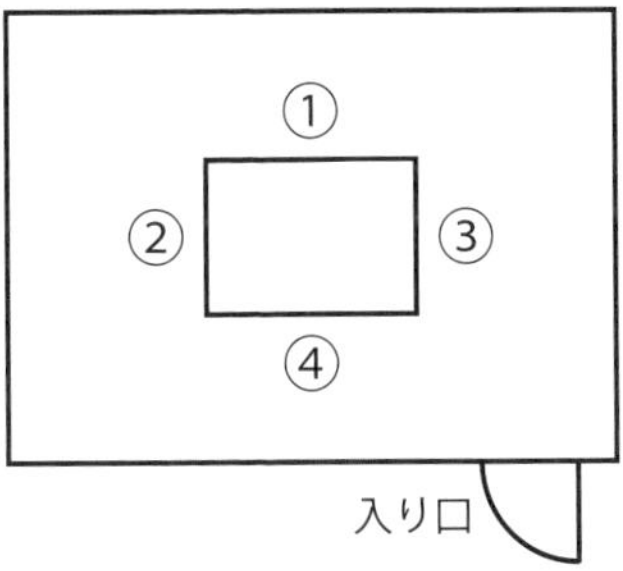

<中華料理>

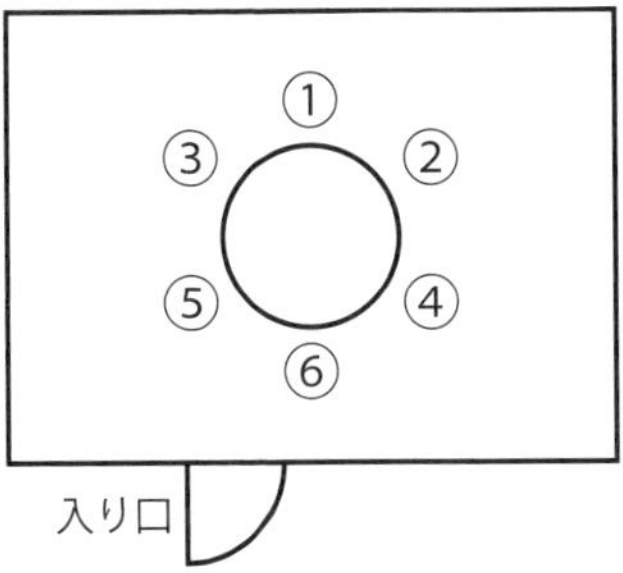

50 和室での立ち居振る舞い

〜超一流の人は、床の間に物は絶対に置かない〜

座敷では、床の間があればその前が上座です。

靴を脱いで上がりますので、破れた靴下やストッキングを履かないよう、身だしなみにも十分に注意します。特に足元のニオイケアも忘れずに。

脱いだ靴の中が汚れていないか、傷んでいないか、靴の中から靴底、かかとまでしっかりとチェックしましょう。そして、誰に見られても恥ずかしくない靴を履きましょう。靴の中は、新品の中敷きを敷けば、綺麗に見えます。

和室では、敷居や畳の縁を踏まないように気をつけます。

入室して座る際、座布団には、目上の人が座ったのを確認してから座ります。決して座布団の上に立ってから座ってはいけません。**座布団の手前で正座をし、にじって座るようにします。**

その際、手荷物はどうすればいいでしょうか？

床の間には、荷物などの物を絶対に置かないように注意してください。当然、足を踏み入れることもしてはいけません。

会食中に不要な荷物は、お店で預かってもらうことが可能ですので、お店の人に頼むと良いでしょう。かばんなどを室内に持ち込む場合は、自分から見て下座側に置きます。掘りこたつ形式であれば、左足元に置いても構いません。

大きな荷物を室内に持ち込む場合は、お店の人が最適な場所を示してくれますので、それに従いましょう。

和室では畳を傷つけないように、荷物を置く際、風呂敷などを広げてその上に荷物を置きます。このような配慮からなる風呂敷なども常備しておくとイザというときに重宝します。

風呂敷の上に荷物を置く

51 正しい箸のマナー

～超一流の人は、箸の使い方も完璧～

ユネスコの無形文化遺産に登録をされている和食。和食は箸を使って食べます。その箸を正しく使えるかどうかも、社会人として恥ずかしくないよう身につけておくべきマナーのひとつといえるでしょう。指を動かすことに問題なければ、正しい箸の使い方をマスターしましょう。

【箸の持ち上げ方（利き手が右の人の場合）】

1. 箸の中央から少し右寄りを右手の中指、人差し指、親指で上から取り上げる
2. 左手の指先を揃えて下から箸の中央に添え、右手は箸の上を右へ滑らせる
3. 右手を上から下へと滑らせて箸を持つ

【箸の下ろし方】

1. 箸の中央を下から左手で持ち、右手は右へと滑らせ手を箸の上に移動させ、上から持ち直して箸置きへと下ろす

2. 箸置きへ置く際は、箸の先2センチほどを箸置きよりも先に出して、口に触れた部分が箸置きに触れないようにする

※ 正式な茶懐石料理では箸置きはありません。食事中は折敷《おしき》（細い板を折り返して縁にした角盆）の左縁に箸先をかけて置きます。また、箸の入っていた袋を利用して箸置きをつくることもあります。

【箸の正しい持ち方】

上の箸は親指、人差し指と中指の第一関節で軽く挟み、下の箸は親指のつけ根と薬指の第一関節あたりで支える。料理を取るときは下の箸を動かさず、上の箸だけを動かして挟む。左利きの人は、左手から左右逆の動きで同様に行う。

52 箸のタブーとお椀を持つときの箸の扱い方

～超一流の人は、箸のタブーを知っている～

箸使いには、茶わんや器の上に箸をのせる渡し箸はしてはいけない、などの決まりごとがたくさんあります。

普段の生活から意識しておけば、いざというときに失敗しないでしょう。

また、茶わんやお椀を左手で持ち上げ、右手で箸を取るときは、まず両手でお椀を持ち上げ、右手で箸の中央を上から持ち上げ、箸先と中央の真ん中あたりを、左手の中指と薬指（薬指と小指でもＯＫ）に挟み支えます。

右手を右端に滑らせ、そのまま下へと移動させ、下から箸を持ちます。箸を置くときはこの動作を逆にし、箸を置いたら、両手でお椀を持ち、お椀を置きます。

次のページに**「やってはいけない箸の使い方」**をまとめましたので、覚えておきましょう。

◎寄せ箸	箸でお皿や茶碗を引き寄せること
◎渡し箸	箸を茶碗や器の上にのせて置くこと
◎迷い箸	料理の上で箸をうろうろと動かすこと
◎もぎ箸	箸に残った料理を口でもぎ取ること
◎洗い箸	汁物などで箸を洗うこと
◎移り箸	一度取った料理を器へ戻して、他の器の料理を取ること
◎掻き箸	器に口をつけて、箸で掻き込むこと
◎重ね箸	一つの料理ばかり食べ続けること
◎噛み箸	箸の先端を歯で噛むこと
◎空箸	料理に箸をつけておきながら、取らずに箸を置くこと
◎くわえ箸	箸を口にくわえて両手を使うこと
◎こじ箸	箸を使って料理の中を探ること
◎込み箸	料理を箸で口の中に押し込むこと
◎探り箸	箸を使って汁物の中を探ること
◎指し箸	箸を使って、人やものを指すこと
◎直箸	取り箸を使わずに、大皿から自分の箸で料理を取ること
◎すかし箸	骨つきの魚を食べる時、中骨を通して下の身を取ること
◎せせり箸	箸で歯の間をほじくること
◎膳越し	膳の向かいにある料理を箸で取ること
◎そろえ箸	口や器を使って箸先を揃えること
◎叩き箸	箸を使って器を叩くこと
◎違い箸	揃いではない箸を使うこと
◎立て箸（仏箸）	ご飯に箸を立てること
◎涙箸	箸の先から汁を垂らすこと
◎握り箸	箸を揃えて握りしめること
◎ねぶり箸	箸についた食べ物を口でなめて取ること
◎箸渡し（合わせ箸、拾い箸、移し箸）	箸同士で料理を受け渡すこと
◎二人箸	ひとつの料理を二人同時に箸で取ること
◎振り箸	箸を持ったまま手を振り回すこと
◎持ち箸	箸を持った手で別の食器を持つこと
◎拝み箸	両手で箸を挟み、拝むようにすること
◎横箸	２本の箸を揃えてスプーンのようにすくい上げること
◎受け箸	箸を持ったままおかわりをすること

53 刺身や天ぷらの食べ方

～超一流の人は、和食の常識を身につけている～

会食時、和食のお店に行くと、高い頻度で出てくるのが、刺身と天ぷらです。社会人として、そして日本人として、それぞれの食べ方のマナーを覚えておきましょう。

まず、刺身からです。

刺身を食べるときは、**味が淡白な白身から食べ始め、徐々にまぐろなどの赤身、また脂身のある味の濃いものへと食べ進めるのが基本**となります。醤油は直接かけるのはNG。必ず、小皿に醤油を入れて、それにつけて食べましょう。

そのとき注意が必要なのがわさびの使い方です。**わさびを醤油に溶かす人が多く見られますが、これはNG。**醤油で溶かさず、刺身に好みの量をのせて食べます。

この際、醤油をこぼさないよう、醤油の入った小皿を持って食べても構いません。手皿はタブーですので、行わないように気をつけましょう。

小皿を持つ代わりに、懐紙を持って食べても構いません。懐紙には垂れた醤油や汁などが染みないりゅうさん紙タイプのものもあるので便利です。

天ぷらを食べるときも同様に、味が淡白なものから、徐々に濃い味のものへと食べ進めるようにします。カウンターで食べるお店であれば、出された順番に食べていけば良いので、食べる順番を気にする必要はありません。

用意された塩や天つゆにつけて、食べます。塩の場合は、好みの量を指でつまんで上からふりかけます。天つゆにつける際には、つゆの入った小皿や懐紙を持って食べると、こぼしたときのフォローになります。

大皿以外の小皿は手に持って食べて良い

54
洋食の基本マナー
～超一流の人は、洋食のマナーも心得ている～

洋食は、右手にナイフを、左手にはフォークを持って食べるのが基本です。ナイフとフォークを使って食べる国の人たちは、左利きの人でも食事のときはこのように持って食べる人がほとんどです。

ナイフやフォークのことをカトラリーといいます。正式な洋食のコース料理では、テーブルの上にカトラリーが並んでいます。

並んでいるカトラリーは外側から使用していきます。同じナイフでも、形や大きさが異なるものがあります。これは、食べるメニューに応じて、使用するカトラリーの形状を変えるからです。お肉料理用のナイフとフォークがもっとも大きなものです。

和食はお椀や小皿などを持ち上げても良いですが、洋食では絶対に持ち上げること

はしません。そして、なるべく音をたてないように切って食べることを心がけます。**料理は左から切ります。そして、必ず一口大に切ってから食べてください。**一口大に切らずに、大きな口を開けて食べたり、歯で食いちぎり、残ったものをお皿に戻すような行為はスマートでカッコいいとは評価されません。

洋食のお店では、お店の人を呼ぶ際、**居酒屋のように大きな声を出して呼ぶのはNG**です。静かに手をあげるだけにします。

また、食事中にカトラリーやナフキン、料理をあやまって落としたり、こぼしたりしたときも同様です。自分で拾ったり拭いたりせず、手を静かにあげてお店の人を呼び、お店の人に任せるのがマナーです。

レストランでは、日本のマナーではなく、洋食のマナースタイルで

55

カトラリーの持ち方と使い方

～超一流の人は、カトラリーの基本を身につけている～

ナイフとフォークは出される料理の順にそって、外側から内側に向かってセットされています。よって、**その料理ごとに外側から使います。**料理は同席者全員に運ばれてから食べ始めます。

フォークの基本の持ち方は、左手の親指と中指で挟み持ち、人差し指は上から押さえます。薬指と小指は軽く添えます。

ナイフは右手の親指と中指で挟み持ち、人差し指は上から押さえます。薬指と小指は軽く添えます。ただし、魚用のナイフは、人差し指を上から押さえず、親指と人差し指でナイフを挟むように持ちます。

スプーンは、中指の第一関節よりやや下の位置に柄の上から3分の1の箇所をのせて、親指を上から軽く押さえます。そして、人差し指を軽く添えます。

ナイフとフォークを使って食べる料理は、左端から一口大に切って食べるのが基本です。フォークは、背を上に向けて、料理を背にのせたり、刺したりして口に運びます。これを『イギリス式』の食べ方といいます。

フォークの背にのせにくい料理は、フォークの腹（くぼんでいる側）を上にして、そこにすくって食べても構いません。これを『フランス式』の食べ方といいます。

また、料理を一口大に切ったあとに、ナイフをお皿の上に置き、左手のフォークを右手に持ち替え、フォークの腹ですくったり、刺したりして食べるのは『アメリカ式』です。

料理を切るときのタブーは、最初にすべてを切ってしまうこと。これは肉汁が出てしまい旨味を損なうと同時に、熱が冷めてしまうからです。美味しいと感じられる温度で食べて欲しいという料理人の気持ちを思えばこそ、どのように切り、どのように食べれば良いのかを配慮することも、食事のマナーでは大切なことです。

相手や場所によって型を使い分ける

56 食事中のサイン

～超一流の人は、食事のサインを身につけている～

食事の途中でワインなどのドリンクを飲むとき、カトラリーを手から離して飲みます。このとき、カトラリーの置き方に大切なマナーがあります。すべてに共通する注意点は、**ナイフの刃は必ず内側に向けて置く**ことです。外側に向けるのは、相手に刃を向ける行為となるため、絶対に行わないようにします。

食事休みのサインには、３種類があります。１つは、お皿の中に、ナイフとフォークを『ハの字』にして置く『フランス式』です。日本ではこのスタイルをもっとも多く目にします。また、同じ『ハの字』でも、カトラリーの柄をテーブルの上に置くスタイルは『アメリカ式』といわれるもの。間違いではありませんが、テーブルの上に柄を置くと、手や腕に当たり、ちょっとした拍子に落下する恐れがあるので、お皿が小さすぎてお皿の中に置けないとき以外は、行わないほうが無難です。

『イギリス式』は、ナイフの上にフォークをクロスさせます。これは、「私はあなたをナイフで攻撃しません」という気持ちを表した形となります。

食事を終えたときのサインにも、３パターンがあります。共通点は、**ナイフの刃を内側に向け、フォークの背（丸く底につく部分）を下にします。**右にナイフ、左にフォークを２本並べて置きます。

『フランス式』は、お皿の右下に柄がくる（４時の位置）ように置きます。日本でもこのスタイルをよく目にします。

『アメリカ式』は、お皿の右真横に柄がくる（３時の位置）ように置きます。近年のフランスでも、このスタイルの人が増えてきました。

『イギリス式』は、お皿の真下に柄がくる（６時の位置）ように置きます。これは、お店の人が、右からでも左からでもお皿をさげるときに、カトラリーが邪魔にならないための配慮からなる型です。

休憩のサインは「ハの字」。終了のサインは２本並べる

食事中の休みのサイン

食事中の休みのサインも、終了のサインも大切なマナー。
フランス式、アメリカ式、イギリス式があります

＜フランス式＝ハの字＞

・ハの字にカトラリーを置く
・日本でよく行われている

＜アメリカ式＝ハの字＋柄をテーブルの上に置く＞

・アメリカ式もハの字
・柄をテーブルの上に置く

＜イギリス式＝ハの字＋先をクロス＞

・フォークとナイフをクロスさせる
・ナイフが下、フォークが上
・ナイフで攻撃しないという意味がある

食事終了のサイン

＜フランス式＝4時の位置＞

・右下（時計でいう４時の位置）にカトラリーを揃える
・日本でよく行われている

＜アメリカ式＝3時の位置＞

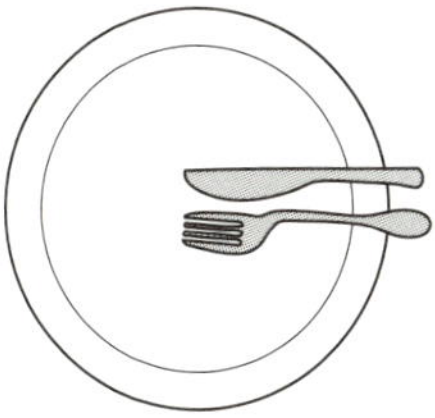

・お皿の右真横（時計でいう3時の位置）に揃える

＜イギリス式＝6時の位置＞

・お皿に向かって真下（時計でいう6時の位置）に揃える
・お店の人がお皿をさげる際、右からも、左からもさげやすい

57 スープスプーンの使い方とスープの食べ方

～超一流の人は、スープを食べる～

スープを食べるときは、２種類のスープ用のスプーンがあります。ひとつは丸い形をしています。この形状のスプーンを使用して食べるときは、スプーンの横に口をあてて流し込みます。

２つ目は、カレーライスを食べるときなどに使用するような先が細くなっているもの。この形状のスプーンを使用するときには、スプーンの細くなっている先端から口に運びます。

スープの食べ方にも『イギリス式』と『フランス式』があります。『イギリス式』は、右手でスプーンを持ち、左手はひざの上に置いておきます。スープは、手前から奥にすくって食べます。

『フランス式』は、右手にスプーンを持ち、左手は、テーブルの上に出しておきます。スープは、奥から手前にすくって食べます。

NGなのは、右から左へと、横からすくうことです。

スープの量が少なくなってきたら、スープ皿の手前を浮かして、奥へと傾けます。お皿の奥にたまったスープをすくって食べます。NGなのは、手前に傾けることです。こうすることで、スープ皿の底が浮き、お皿の裏を相手に向けてしまい、無礼とみなされます。

また、スープが残り少なくなったら、パンにスープをつけて食べても構いません。パンは、一口大にちぎり、手に持ってつけても良いです。

取っ手のついているブイヨンカップでスープが出てきた場合は、スプーンは使用しなくても良い、というサインとなります。

スプーンで右から左へと横からすくうのはNG

58 アルコールの注ぎ方・注がれ方

～超一流の人は、ワイングラスを持ち上げない～

ビールやワインをつぐときは、ラベルを上にして、ラベルが見えるようにします。手や指がラベルの上につかないように、注意しましょう。

お酒をついでもらうときは、グラスやおちょこを両手で持ってついでもらいます。ついでもらうときは「恐れ入ります」といって軽く頭を前傾させ、ついでもらったら、「ありがとうございます」と言い、元の姿勢に戻します。

ただし、**ワインをついでもらうときは、グラスは持ち上げません。**

ワイングラスは、ステムといわれる脚の部分の中央あたりを、親指、中指、人差し指の3本で持ち、薬指と小指は軽く添える程度にします。

ワイングラスのボディを持つことは、間違いとは言いきれませんが、手の温度でワインの温度が変化する可能性や、美しいワインの色などを楽しむことを妨げることにもなります。

また、なんといっても、繊細なつくりになっているワイングラスは、少しでも力を入れると破損する可能性が高くなるので、ボディ部分は持たないほうが無難といえます。

このような視点からも、厚みのあるステムの部分を持つのが良いでしょう。

ステム部分を親指、中指、人差し指の３本で持とう

59 ナフキンを使うマナー

～超一流の人は、食後にナフキンをたたまない～

ナフキンを使うマナーは、そのテーブルの中で、最上位の人が取ったら、他の人も取ることです。逆に言うと、自分が最上位であれば、早く取らないと他の人はナフキンが使えませんので、気をつけましょう。

着席したら、すぐにナフキンを取って構いません。

しかし、披露宴などで、着席をしたあとに、起立して乾杯の儀式がある場合などは、乾杯が終わるまでは、ナフキンは取らなくても良いとされています。これは、レストランでも同様です。

ナフキンは、2つ折りにして、山になっている側をお腹側に向けてかけます。45センチ四方（またはそれ以下）のものであれば、ひろげたまま、ひざ（太もも）の上に置きます。

２つ折りにするときは、上側を少しだけ短くしておくと、口などを拭くときにめくりやすく便利です。使用するときは、２つ折りにしたナフキンの左上裏を使用すると汚れが表から見えず衣服を汚すこともありません。

食事中に席を立つとき、ひざの上からナプキンを取り、軽くまるめて椅子の座面に置いて離席するようにしましょう。日本では、椅子の背もたれにかけるなどの説もありますが、海外ではそのようなことはしません。

また、食事が終わり帰るときも、綺麗にたたまずに軽くまるめてテーブルの上に置くのが正式です。

綺麗にたたんでしまうと、「料理が口に合わなかった」「美味しくなかった」「サービスに不満がある」などのサインとなります。これも海外では気をつけましょう。

日本では、綺麗にたたむほうが良いと思われるため、そのようにしている人も多く見かけます。日本ではいいかもしれませんが、海外では行わないほうが無難です。

ナフキンの使い方一つで、マナーがわかる

第6章

超一流の
贈り物のマナー

60 お中元・お歳暮を贈るマナー

〜超一流の人は、地方・地域に応じて贈り分ける〜

お中元とお歳暮という言葉は、よく見聞きしますね。その由来は、中国からきています。中国では一年の初めを「元」と呼び、一年の真ん中にあたる7月15日を「中元」、一年の終わりを「歳暮」と呼んでいました。

これに日本のお盆に「御霊祭り」として供え物を贈り合う習慣が一緒になって定着したのが、現在のお中元やお歳暮です。お中元やお歳暮は、日頃、お世話になっている方々にお礼や感謝の気持ちを込めて贈るものです。

しかし、近年、特に企業では、コンプライアンスの問題などから、贈り物を送ることやいただくことを断るケースが多くなりましたので、贈り物をしても良いか事前に確認しておきましょう。

また、贈る時期は、地方・地域によって異なります。

お中元
【関　東】７月初旬から７月15日までに贈るのが一般的。
【関　西】７月16日から７月末まで。
※右以外の地方では、８月初旬から８月15日までや右記の期間で贈るなど、地域によって様々であるのが現状です。

お歳暮
【関　東】12月15日までに届くように贈ります。
【関　西】12月15日から28日まで。
※右以外の地方では、右記の期間のいずれかや年末に贈る場合など、地域によって様々であるのが現状です。

送る時期を逃してしまった際は、お中元であれば、８月初旬の立秋のころまでに「暑中御伺」、立秋以降は「残暑御見舞」として贈れば大丈夫です。
お歳暮は、関東は年明け７日の松の内までに、関西地方は１月15日までは「御年賀」、さらに遅れた場合などは、２月４日の立春までに「寒中御見舞」として贈ります。

お歳暮、お中元でお世話になった人に感謝を表そう

※お歳暮は、お正月に生ものを召し上がっていただきたいという気持ちから月末に贈る場合もあります。

61 贈り方のマナー
〜超一流の人は、品物に添え状を同封する〜

お中元やお歳暮は、本来は贈る先に直接訪問して、日頃の感謝や季節のあいさつの言葉と共に品物をお渡しするのが原則です。これを夏のごあいさつ、年末年始のごあいさつといいます。

しかし、お盆や年の瀬は、先方も何かと忙しい時期であるため、邪魔にならないように、郵送や宅配などの輸送手段で届けても構いません。

その場合、品物に感謝を伝える書状（添え状）を同封するか、別便で送るなどの配慮をすると良いでしょう。

あなたの気持ちを言葉で伝えてこそ、品物に心が通います。贈られる側としては、前者のほうが、事前に書状（添え状）を準備して品物を贈ってくれたと感じ、好印象となります。

品物とは別に書状を送る場合は、「別便にて心ばかりの品をお送りしました。ご笑納いただければ幸いです」とひと言添えます。

ちなみに、もし贈るのをやめたいときは、どうすればいいでしょうか。

お中元もお歳暮も、日頃の感謝の気持ちを表す機会ですので、誰に贈るべきという明確な決まりはありません。

お付き合いが疎遠になり、途中で贈るのをやめる場合、まずはお中元を控え、次にお歳暮をやめるのがスマートな方法です。

しかし、一度お世話になり、お中元やお歳暮を贈った相手には、その後も年に一度の年賀状などは送り続けると良いでしょう。いつ、また、仕事のお付き合いが始まるかわかりません。

書状を添えると一層気持ちが伝わる

62 お返しとお礼状のマナー

～超一流の人は、お中元、お歳暮にお返しの品を送らない～

お中元やお歳暮は「お世話になった方へのお礼」であり、お祝いではありません。したがって、お返しの品は必要ありません。ただし、お礼状は必ず出しましょう。

お礼状は、お中元やお歳暮をいただいたときに、感謝の気持ちを伝えるとともに、無事に品物が届いたことを知らせる意味もあります。贈り物をいただいたら、なるべく早い時期にお礼の葉書を出します。一般的に品物を受け取って3日以内といわれています。

しかし現代では、相手との関係性によっては、電子メールでも良いでしょう。この際、届きましたという連絡だけでなく、いただいた贈り物に対する感想を書き記すと贈り手も喜ぶことでしょう。

もし、3日以内にお礼を伝えることができなかったとしても、ひと言、お礼が遅れたことを伝えた上で、お礼を伝えることをおすすめします。

逆に、会社の場合、お中元やお歳暮が贈られても、立場上、受け取ることのできない場合もあります。その場合は、封を開けずに、上司に相談しましょう。

相談の結果、いただくことが不可能な場合は、その理由を丁寧に書き、相手の気持ちを傷つけないように品物を送り返します。ただし、可能であれば、贈っていただいたものを送り返すのではなく、「お気遣いありがとうございます。しかしながら、弊社では会社の規定上、贈答品はお断りいたしております。今回はこちらのアナウンス不足で、失礼いたしましたので、頂戴いたしますが、今後は受け取ることができかねますので、ご理解のほどよろしくお願い申し上げます」などとひと言添えるのが、スマートな対応です。

また、直接差し出されたときは、「立場上、いただくことはできませんので」と、はっきりその旨を伝えます。思っていることを伝えたほうが、その後のお互いにとってプラスの結果を生み出します。

お中元もお歳暮も、お祝いではなくお礼。お返しよりもお礼状を

63 栄転・昇進祝いの贈り物のマナー

～超一流の人は、内々でこっそりと祝う～

栄転や昇進祝いの贈り物は、職場のルールや習慣があるので、前例を確認してからお祝いをします。

一般的には、部や課で歓送会を開いたり、お祝いや御餞別の品をみんなで贈ったりします。品物は、その人の好みの品を贈りましょう。その品を見るたびに、一緒に仕事をしたことを想い出してもらえるものがいいでしょう。

仲の良い人たちだけで周囲に内緒でお祝いをしたりするのは、職場の人間関係に悪影響を及ぼす可能性もあるので要注意です。

個人的にお世話になっている人が栄転をする場合から見てみましょう。

以前は、荷物にならないため現金を贈るのが良いとされていましたが、近年、コンプライアンスの観点から、特に現金を贈るようなことは少なくなってきています。どうしても贈り物をしたい場合は、お世話になった気持ちを表す品物として、実用的なハンカチなどに控えておくのがいいでしょう。表書きは「祝御栄転」または「御餞別」としてお渡しします。

転勤の場合は、辞令を受けてから赴任するまでの期間が短い場合が多いので、早めに用意して贈るようにしましょう。もちろん、このときもお世話になった感謝や、新しい環境での無事を案じる気持ちを手紙やメッセージカードで伝えます。

昇進や栄転は、基本的に本人の喜びにとどめ、お祝いは家族でごく内輪で行うのが、マナーです。しかしながら、お世話になった上司などにはあいさつに伺うか、手紙や電話で昇進の報告を行うのが本来の礼儀であることも覚えておきましょう。

前例を確認してから、祝い方を選びましょう

第7章

これだけは注意したいＳＮＳのマナー

64 SNSは、会社に損害を与えないよう注意して使う

SNSの使い方においては、超一流などの要素はありませんが、注意すべきことがいくつかあります。

SNSを含めたインターネットは、世界中に即時に情報を発信できる素晴らしいものです。しかし、多くの人が使うコミュニケーションツールでもある以上、相手の立場にたった言い方や書き方を意識する必要があるでしょう。

SNSを使う機会が増え続け、問題も多く生まれるようになりました。企業のSNSアカウントがふさわしくない投稿によって、ネット上で炎上し、謝罪に追い込まれるケースも増え続けています。

あなたの不用意な情報発信が、企業イメージを損なわせてからでは遅いのです。炎上事件が起きないよう、まずは、私たち社会人、大人、企業からインターネット

の使い方、書き込み方、書き込む内容などを見直しましょう。

企業のＳＮＳ運用をする際は、誰が行うにしても、運用のルールを決めておくのが良いでしょう。その際はネガティブリスト（やってはいけないこと）を明確にしておくことです。

また個人で運用する際も、同様にルールを決めることをおすすめします。

さらに個人の責任の上で行っているツイッターやＦａｃｅｂｏｏｋ、ブログなどで、仕事内容や会社で起きたことなどを書き込むときは、その内容を慎重にしましょう。会社の愚痴や同僚の悪口などは、場合によっては、損害賠償や解雇される原因になり得ます。会社や人に損害を与えないことを意識して使うようにしましょう。

悪いことを書けば、それはいつか自分に返ってきます。

使い方を間違えなければ、これほど便利なものはありませんから、しっかりとルールをつくり、マナーを守って、使っていきましょう。

会社や人に損害を与えないよう、使い方のルールを決めておこう

65 著作権に気を配る

ＳＮＳやネットを使う際、注意が必要なのは、コンテンツのコピーの問題です。

写真、音楽、イラスト、文字コンテンツを使って情報を発信する機会が増えるため、**コピーされるリスクとコピーをしてしまうリスク**が生まれています。

良くないパターンは、他人のコンテンツをコピーしてしまうリスクです。

何気なしに、**ネットの写真を勝手に使ったことで、訴えられるケースも出てきています。**

しかも、インターネットは、情報の広がるスピードが大変速いです。一度書き込んだり、表示したりしたもので内容を削除したとしても、流れた情報はなかなか消えません。

もしも、投稿や表示したコンテンツ（写真や文章など）が、コピーされたものだった場合、誰かがそれを発見し、問題をインターネット上で告発されてしまうと、会社ごと世間から大バッシングを受けるリスクがあります。

「誰も見ていないだろう」

「これくらいなら大丈夫。気づかないだろう」

と思って、気楽に投稿していると、思わぬ炎上が起こり、ゆくゆくは会社の大損害につながりかねません。

取り返しのつかないことにならないよう、発信する情報のコンテンツの著作権には注意をしましょう。

コンテンツをコピーしないこと、が著作権で失敗しない基本です。また、どこかから引用する際は、引用元の記載と、リンクをしっかり表示しておきましょう。

また、雑誌や本のページを撮影してＳＮＳに投稿するのも、著作権の侵害にあたる可能性もありますので、控えましょう。

どうしても掲載したいときは、出版社や著者の了承を得ると良いでしょう。

他人の著作物のコピーにならないよう、注意する

66 LINEやメッセンジャーなどのチャットツールにも気をつける

SNSだけでなく、チャット系ウェブツールも注意が必要です。代表的なものがLINEやメッセンジャーなどのチャットツールでしょう。

これまで使われてきたメールと違って、気軽かつスピーディーに、やり取りができることから、徐々に使われる機会が増えてきました。

実際、仕事の連絡ややり取りをLINEで行っている企業や部署もあります。

当然、その会社が了承して行っていることだとは思いますが、今一度、会社がそれを認めているのかどうか、確認をとることも大切です。

例えば、LINEを使用しての連絡も、大変便利な面もありますが、LINEを使用するときの情報の範囲など、その使い方のルールを決めて、便利な場合だけに活用すると良いでしょう。

仕事とプライベートと完全に分けて使えればいいのですが、プライベートの内容を上司に送ってしまったなど、誤爆と呼ばれる誤送信が多発しているそうです。
また、気軽に送れることから、どんどん節度のない言葉のやり取りが増えているのも現状です。礼節のある言葉遣いができる人が崩すことはまだしも、正しい敬語や礼節のある言葉遣いができないうちから、いくら便利なツールであっても、簡易的なやり取りを主流にすることは控えたほうが良い場合もあります。

どのようなツールを使うにしても、仕事で行っているメッセージのやり取りということを忘れないようにしましょう。相手との関係性を把握して、失礼のないやり取りを心がけてください。
また、情報の過剰流出にならないよう、企業側としても一定のルールを定めた運用を行いましょう。ＳＮＳは、私たちの仕事や日常におけるコミュニケーションを一層便利にするために生まれたもの。互いのプラスや幸せを生み出してまいりましょう。

チャットツールでも、ビジネスマナーを意識しよう

●おわりに

なぜ、マナーがこの世に存在するのか？　それは互いにみんなが調和し、幸せになるため。それ以外の何ものでもない。私はそう思っています。

私は21歳のときにマナー講師になりたいという夢と出会いました。そして、その夢を志とし、現在、それを志事《しごと》としています。

本書を手にとってくださっているあなたも、今の会社の就職面接で、何らかの志を伝えたと思います。起業をなさっているあなたも、強い志をもって独立をなさったことでしょう。

仕事とは、志を成し遂げる事。それを行うことで対価という給与や報酬を得ていると考えるとき、言われたことだけをただ行うのではなく、他の人や他社が行っていないことを想像し、創造していく。それがオンリーワン、すなわち〝一流〟となる。しかし、志を成し遂げることは容易くはありません。なぜならば、志とは、〝人の心〟だからです。

仕事に対して、人生に対して、ぶれない軸（気持ちと意識）を持っていれば、「ここまでするか！」「面倒だ」と他者が感じることでも、愚直に行い続ける。そういう人が〝超一流〟として結果と成果を出す人財になります。

私は本書に書いたことを、あなたに押しつける気持ちはございません。この内容をやるかやらないかは、自由なことです。それでも、私がマナーを伝えるのは、おせっかいと思われるかもしれませんが、あなたが周囲の人たちと調和し、あなたに幸せな人生を送って欲しいと願うからです。

マナーは一日にしてならず

本書に書いてあることを、一歩一歩、ひとつずつ、身につけ実行することで、人生は好転する。なぜならば、**マナー力は人間力**だからです。

お忙しい中、本書を読んでくださり、誠にありがとうございました。また本書を企画、編集、出版くださった皆様、取り次いでくださる皆様、そして本書を販売くださる書店など多くの関係者の皆様にも、心より感謝御礼を申し上げます。

あなたのマナー力で、あなたが超一流となり、調和・安心につつまれた環境で、仕事や生活ができる社会になりますことを祈りつつ、筆を置かせていただきます。

ありがとうございます

西出ひろ子（にしで・ひろこ）
マナーコンサルタント・美道家。ウイズ株式会社 代表取締役会長、HIROKO ROSE 株式会社 代表取締役社長、一般社団法人マナー教育推進協会 代表理事。
大妻女子大学卒業後、国会議員・政治経済ジャーナリストの秘書等を経て 29 歳でビジネスマナー講師として独立。31 歳でマナーの本場・英国へ単身渡英。その後、英国にてビジネスパートナーと起業。渡英中、日常生活の中で“真のマナー”に触れ、真心を重視した HIROKO 流マナー論を確立させる。帰国後、実体験に基づいたマナー研修や、お客様の心理を知り尽くした営業・接客研修等のビジネスマナー研修はもとより、収益アップにつなげるマナーコンサルティングや人財プロデュースを行う。名だたる企業３００社以上のマナーコンサルティングやマナー研修をおこない、結果を出すマナー講師として定評がある。その活躍は「ソロモン流」(テレビ東京系列) など、テレビ番組や新聞・雑誌等で「マナーの賢人」として多数紹介されている。また、NHK 大河ドラマ「龍馬伝」「花燃ゆ」、NHK「ドラマスペシャル 白洲次郎」をはじめ、映画「るろうに剣心 伝説の最期編」などドラマや映画でのマナー指導・監修なども務める。さらに、音楽療法とリトミックを用いた世界初の教育研修手法マナーリトミック ® を考案し、国立音楽院と共同開発した研修も好評。2016 年より全国に B to B、B to C の FAST MANNER(ファスト マナー) も展開する事業家としても活躍。著書は、『お仕事のマナーとコツ』（学研プラス）、『マンガでわかる！社会人１年生のビジネスマナー』（ダイヤモンド社）、『完全ビジネスマナー』(河出書房新社) など国内外で７０冊以上ある。

HIROK ♥ MANNER Group
ウイズ株式会社　http://www.withltd.com
HIROKO ROSE 株式会社　http://www.hirokorose.co.jp
一般社団法人マナー教育推進協会　http://www.manners-ring.or.jp
輝く大人のマナースクール FAST MANNER　http://www.fastmanner.com

◆講演・研修・コンサルティング・講師養成講座・取材・メディア出演などの詳細・お問い合わせは、
ウイズ株式会社の HP よりお願い申し上げます。

超一流《ちょういちりゅう》のビジネスマンがやっているすごいマナー

2016 年 5 月27日　　初版発行

著　者　西出ひろ子
発行者　常塚嘉明
発行所　株式会社 ぱる出版

〒 160 - 0011　東京都新宿区若葉 1 - 9 - 16
03(3353)2835 ― 代表　03(3353)2826 ― FAX
03(3353)3679 ― 編集
振替　東京　00100 - 3 - 131586
印刷・製本　中央精版印刷(株)

ISBN978-4-8272-1000-2 C2077